ADJA NAFSA GAYE

AMIIN YAARABI

(legs à la jeunesse
d'Afrique)

1

AVANT - PROPOS

Bisimilai raxmaani raiim

Je commence ce livre par le nom du Tout-Puissant, le Créateur des cieux et de la terre.

Je lui rends grâce pour m'avoir soutenue tout au long de mes années et je prie sur son prophète Seydinaa Mouhamed par qui le message divin nous est parvenu.

Je prie le Tout-Puissant d'accueillir mes deux parents dans son paradis céleste avec tous les musulmans et toutes les personnes ayant la bonté dans le coeur.

À travers cet ouvrage que j'entame, je salue tous mes enfants et mes petits enfants. Car celui qui vit dans sur cette terre jusqu'à ce qu'il ne lui reste plus beaucoup à vivre doit laisser un héritage à ses enfants et à ses petits enfants. Pas nécessairement des biens matériels mais quelque chose de solide qui puisse les guider dans ce monde et, aussi, dans l'autre. Parce-que dans ce pays qu'est le Sénégal, mon pays, et en Afrique, tous sont mes parents, que nous soyons liés par le sang ou pas.

Je demande à chaque lecteur de lire mon propos non avec le

coeur mais avec l'esprit.

Ce que j'écris dans ce livre s'adresse à tous les Sénégalais et, par delà, à toute l'Afrique.

Je remercie tout le monde.

Avant d'aller plus loin, je voudrais parler du sida car cette année est l'Année du sida.

S'il ya de plus en plus des personnes atteintes du sida, ce n'est pas à une question de moeurs qu'il nous faut l'attribuer mais, bien plus, à des difficultés économiques. Si tout le monde avait un accès équitable à l'hygiène et aux soins, le nombre de victimes serait probablement bien moindre. Voilà pourquoi je demande aux personnes âgées expérimentées d'aider nos jeunes d'aujourd'hui. Parceuqu'aider les jeunes, c'est s'entr'aider car le jeune que tu aides, qui qu'il soit, t'est un fils ou un petit-fils même s'il n'est pas directement de ton sang.

Aider la fille, c'est d'abord lui insuffler une excellente éducation qui ne perde pas de vue nos traditions sans rejeter les apports.

Aux environs de quatorze ans, la petite fille atteint un âge très critique où tu dois commencer à l'éveiller sur tous les problèmes concernant la femme car c'est à partir de cet âge qu'elle commence à se sentir et devenir femme. À dater de cet âge, il faut surveiller son entourage et ses fréquentations et, surtout, lui parler des problèmes spécifiques des femmes. La première fois qu'elle aura sa menstruation, elle en parlera avec sa mère. C'est à ce moment que sa mère lui dit : "Désormais, tu n'es plus une enfant mais une femme car, à partir de maintenant, tu peux avoir des enfants. Voilà pourquoi tu dois faire très attention à ne pas faire de faux-pas". C'est à cet âge qu'il faut commencer à surveiller ses allées et venues car, contrairement à l'Occident où c'est chacun pour soi, nos enfants à nous sont chez eux chez chaque membre de la famille de leurs parents, chez nos voisins et chez nos amis. Bien sûr sans la brutaliser ni la prendre à rebrousse-poil, il faut lui faire comprendre

5

que, désormais, le moindre petit copain est un danger potentiel si elle ne se crée pas de limites. La responsabiliser sans être maniaque et l'effrayer. C'est pour cela que l'éducation des parents, par rapport à l'éducation scolaire, est primordiale. Cela n'exclut pas qu'elle puisse aller danser, aller au cinéma et avoir les distractions des filles de son âge. Il est nécessaire de lui inculquer une solide personnalité en renforçant son caractère.

Voilà comment, à mon avis, se fait l'éducation d'une jeune fille jusqu'à sa majorité. Si Dieu lui donne un bon mari avant, c'est tant mieux. Sinon, que cette éducation se poursuive jusqu'à ce que ses parents s'accordent avec elle sur un mari qui lui convienne.

Pourquoi plaidé-je pour que nous continuions à éduquer nos filles comme le faisaient nos ancêtres ? Parce-que je trouve que, de nos jours, nous sommes de plus négligents vis-à-vis de nos enfants. Il ne suit pas seulement de trouver un mari à sa fille et de ne plus s'en occuper. Il faut également un suivi. Avant, dès les tout premières règles, la mère envoyait sa fille compter les "yeux" du *inde*, ce grand récipient au fond percé à plusieurs endroits que chaque famille avait dans sa cuisine pour attendrir le riz à la vapeur et que remplace de nos jours ce que les Occidentaux appellent indûment couscoussier. Si elle en dénombrait trois, cinq, six, ou sept bien visibles, non bouchés, cela lui donnait la durée de sa période.

Maintenant, les gens se moquent de ces traditions qu'il serait pourtant bon de réhabiliter. Aujourd'hui, toutes les filles sont tellement occidentalisées. Lorsqu'elles ont leurs premières menstrues, ça leur est une chose banale alors qu'elles ignorent qu'elles sont devenus des femmes, pleinement aptes à enfanter.

Autrefois, après avoir accordé la main de sa fille, il était organisé une cérémonie appelée *jeebbale* pendant laquelle le mari prenait la virginité de la nouvelle épousée. Maintenant, cela n'existe quasiment plus. C'est dommage. C'était une bonne tradition. Après la cérémonie, tout le monde venait remercier la mère pour la bonne éducation qu'elle avait dispensée à sa fille, pour avoir donné à marier une vraie jeune fille qui avait su se garder pour ses épousailles. Et les griottes et les griots chantaient les louanges de la mère. L'abandon de cette tradition participe à la prolifération des maladies sexuellement transmissibles. En renonçant à nos traditions, c'est comme si nous leur ouvrions nos portes. Actuellement, lorsque tu demandes à ta propre fille d'éviter certains comportements, c'est comme si tu lui demandais d'aller décrocher la lune.

Avant, lorsque la jeune femme était enceinte de son premier enfant, sa mère s'occupait d'elle pendant les neuf mois de grossesse et, environ deux mois après l'accouchement. Maintenant, tu demandes à ta femme de se laver l'intimité, elle peut refuser, sans savoir que ces poils peuvent capter toutes sortes de maladies, quelquefois des graves.

La mère de la nouvelle épousée, même si elle a un emploi, doit trouver le temps de s'occuper de sa fille pendant les premières années de son mariage et lors de sa première grossesse pour la garder en sécurité à l'écart des maladies opportunistes jusqu'à ce qu'elle soit en mesure de se prendre en charge. Tout le monde sait que le sang impur favorise les maladies sexuelles, sida compris. Donc, après l'accouchement, il est nécessaire d'évacuer tout ce sang du ventre de la mère. Sans même parler de maladies physiques, j'ai personnellement vu des femmes devenir démentes à cause de la montée de ce mauvais sang dans leur système nerveux. Donc, si vous connaissez la médication adéquate pour ces maux, faites-la connaître à vos enfants.

Autrefois, lorsqu'approchait le terme de sa grossesse, la jeune femme retournait à la maison de ses parents pour y mettre au monde ses nouveaux-nés. C'est une matronne qui s' occupait de la délivrer avec, comme seuls accessoires, de l'eau chaude et du permanganate et, parfois, quand c'était possible, de l'alcool à 90° pour nettoyer et désinfecter. Le traitement durait environ quinze jours. Après l'accouchement, la jeune femme mangeait des aliments gras et faisait des promenades au soleil en guise d'exercise.

Actuellement, tout a changé. Ce n'est pas qu'aller dans une clinique pour accoucher soit négatif. Mais au retour, on doit faire appel à une matronne pour s'occuper de la nouvelle mère pendant au moins quinze jours.

J'insiste sur le fait qu'il faut absolument aider les enfants. Un bon mariage est difficile à maintenir. Il est donc néceccaire d'apprendre aux filles les bonnes manières dès la tendre enfance pour les préparer à leur futur rôle de mères de famille. Lorsqu'on a soi-même eu un mari et des enfants, cela suppose que l'on a assez d'expérience à transmettre à sa propre fille. Le mariage, dans la tradition islamo-africaine, est une chose sacrée. La femme africaine contemporaine s'est tellement occidentalisée qu'elle ne se préoccupe plus beaucoup de ces réalités. Donner une bonne éducation à ta fille est un bonus pour son avenir, pour ses enfants et pour son mari. Une fois que tu as rempli ces obligations, tu as rempli ton rôle dans la société. Dieu, qui est omniscient, voit tout et le bien que tu as fait, il te le rendra. Lorsque tu auras quitté la maison familiale pour rejoindre la maison conjugale, tu auras forcément des voisins qui, à l'avenir, seront tes pères et mères. Parce-que tu dois aller saluer tous tes voisins dès que tu occupes ta nouvelle demeure. À leur tour, ils viendront te saluer et vous deviendrez intimes. Ceci est une valeur africaine et musulmane. Le voisinage est d'une importance capitale en Islam. Le prophète de l'Islam, paix sur lui, a maintes fois insisté sur la nécessité d'entretenir de bons rapports de voisinage. Si tu maintiens ces valeurs, ton nouveau voisinage te sera agréable et te sera une nouvelle famille car, si un problème se pose dans la maison conjugale, ce sont tes voisins qui accourront en premier. Les voisins seront la mère, le père, l'oncle, la tante, le grand père et la grand'mère. Les voisins, si vous avez les rapports recommandés, peuvent remplacer n'importe-quel parent absent dans ses devoirs. Ils sont présents en toute circonstance, quel que soit le problème, et de manière désintéressée. Particulièrement le voisin d'âge avancé. Mais les personnes âgées, maintenant, sont effrayés par les jeunes à cause de leur comportement sans-gêne. Dans le bus, il s'établit un malaise palpable entre jeune et vieux. Céder sa place à un ancien est devenu une hérésie. Lorsque, dans la rue, tu vois une jeune femme qui porte mal son bébé dans son dos et que tu lui conseilles d'ajuster le pagne qui soutient la tête de l'enfant, c'est à peine si elle te regarde et, dans ses yeux, tu peux lire un méprisant "De quoi te mêles-tu, espèce de vieille ?"

L'éducation est aussi essentielle pour le garçon que pour la fille. J'ai parlé auparavant de celle des filles à partir de l'âge de quatorze ans environ. Je ne voulais pas dire que l'on ne devait commencer à éduquer sa fille qu'à partir de cet âge-là. Il s'agissait de l'âge pour préparer la fille à devenir femme. Pour la fille et le garçon, l'éducation commence dès l'enfance.

Autrefois, lorsqu'un bébé naissait, toutes les familles du voisinage apportaient à la nouvelle maman des linges ayant servi à leurs propres enfants. Ces habits servaient à envelopper l'enfant de la base du cou jusqu'aux pieds. Cela permettait à l'enfant de prendre rapidement du poids puisqu'il n'était porté que pour têter, faire son rôt et être changé après ses besoins. Il n'était "libéré" qu'au bout de quarante jours. C'est par là que débutait l'éducation de l'enfant jusqu'à sa majorité.

Lorsque l'enfant souffrait de maux de ventre, le matin, de bonne heure, on lui administrait du *dax* (beurre traditionnel) additionné d'un peu de sucre.

Il était permis au bébé, après quelques semaines, d'aller passer la journée chez une amie de sa mère du voisinage, sa mère ne l'y rejoignant que pour les besoins de la têtée. Même si cela lui était difficile, elle savait qu'il était bon pour l'enfant de s'habituer à d'autres personnes qu'elle.

Après l'accouchement, on préparait une bouillie de mil que l'on offrait aux génies des deux fleuves, le grand fleuve et le petit fleuve, dans notre ville de Ndar, en remerciement pour l'arrivée de l'enfant et pour sa protection durant les six jours qui précèdent son baptème. Jusqu'à nos jours, beaucoup de natifs de Ndar déplacés dans d'autres lieux reviennent, parfois de loin, à Ndar pour ressourcer leurs enfants nés ailleurs dans le fleuve. Parce-qu'ils sont tous passés par là. Quand eux et moi cesserons d'être, je suis triste à l'idée que cette tradition aussi disparaisse.

Avant, lorsqu'un enfant naissait, il n'était pas porté sur le dos avant d'avoir atteint vingt-et-un jours. Il devait être porté par une fille ayant elle-même un petit frère ou une petite soeur en vie. Avant d'installer le bébé sur le dos de la fille, quelques versets du Coran étaient récités sur un morceau de fer appelé *jalam* qui était placé au dos de la porteuse. La mère de l'enfant, bien entendu, les accompagnait. Pendant cette promenade, elles devaient, à tour de rôle, ramasser des petits bouts de bois tombés des arbres. De retour à la maison, les bouts de bois étaient placés dans un morceau d'étoffe blanc lequel était alors placé sous la tête de l'enfant à son coucher et y restait jusqu'au lendemain matin. Au moment de préparer la bouillie de mil de la mère, les brindilles sont mises dans le feu jusqu'à ce qu'elles soient entièrement consumées. Selon la tradition, cette cérémonie préservait l'enfant d'éventuels troubles psychologiques.

La fille des voisins qui a porté l'enfant dans son dos pour sa première sortie, celle qui lave son linge, les amies de sa mère chez qui l'enfant passait la journée quand il était encore un nourrisson, l'enfant les respectera toute sa vie car elles y ont chacune joué un rôle important. Voilà pourquoi dans ma ville natale de Ndar, sur l'île, tout le monde est parent. Plus tard, l'enfant de mon amie devient le cousin du mien parce-que j'ai joué le même rôle dans le foyer de mon amie. J'ai des obligations chez elle et elle en a chez moi. À Ndar, plus grand monde ne peut démêler les liens de parenté avec exactitude. Souvent, la parenté de voisinage, sans lien de sang établi à l'origine, devient plus importante que la parenté de sang. C'était une bénédiction d'élargir la parenté de voisinage pour multiplier les chances d'éduquer son enfant. Aujourd'hui, ce n'est plus ce qui se passe. C'est même complétement différent.

En cas de fièvre, il faut juste masser l'ensemble du corps de l'enfant avec de l'huile à température ambiente avant de le coucher pour la nuit. Au matin, à son réveil, lui donner une douche tiède, l'habiller chaudement et, après sa têtée, le remettre au lit. Après ce traitement, l'enfant sera à nouveau en forme.

Autrefois, on allait pas chez le médecin de manière systématique. On soignait avec des plantes ou avec des méthodes simples. Si la mère de l'enfant occupe un emploi, lorsqu'elle doit reprendre son travail, l'enfant est transféré chez sa grand'mère maternelle. Lorsqu'il atteint trois mois, si c'est une fille, on commence à lui faire sa toilette en le faisant asseoir dans une bassine pour qu'il apprenne à s'asseoir. Si c'est un garçon, cet apprentissage peut attendre qu'il atteigne son quatrième mois. Au moment où l'enfant commence à apprendre à se traîner par terre, on mettait un van devant lui. Cette méthode avait une double signification. D'abord, cela lui permettait dr'avoir les ongles naturellement rognées car, dans notre société, il est formellement interdit de couper les ongles des bébés pour des raisons de la plus haute mystique. Ensuite, cela lui permettait de s'accrocher au van pour apprendre à progresser tout seul. Un moment critique commence pour la mère car, dès que l'enfant commence à se traîner, il devient la proie de tous les dangers. Il aura tendance à mettre tout ce qu'il trouve dans sa bouche, qu'il s'agisse d'ordures ménagères, de produits toxiques ou d'insectes morts, la liste est longue. C'est,

13

d'ailleurs, après cette période critique, que, dans la tradition africaine, on peut juger si la mère s'est bien occupée de son enfant. Jusqu'à ce que celui-ci apprenne à se mettre debout, les dangers restent réels. D'ailleurs, souvent, lorsque l'enfant apprend encore à se tenir debout, la mère est à nouveau enceinte.

Autrefois, il était formellement interdit de poursuivre l'enfant qui apprend à marcher, même si ça amuse follement tous les enfants de cet âge, à cause des épines dans nos cours, des fourneaux, des voitures... Aujourd'hui, je ne peux pas affirmer que ces mesures ne sont pas perpétuées mais il y a quand même un laisser-aller manifeste de la part des nouvelles mères et nous sommes tous concernés, d'une manière ou d'une autre. Certaines femmes font encore appel à leurs amies pour les aider à tenir leurs maisons. D'autres font appel aux services d'une travailleuse uniquement chargée de s'occuper de l'enfant. Mais cela se raréfie. Avant, la mère dépensait le plus gros de son énergie à s'occuper de ses enfants. C'était difficile mais on y parvenait, même s'il fallait embaucher une *janx*, une jeune nounou qui revenait très cher. Tout cela consistait à éduquer toute la famille en même temps, quel que soit le nombre d'enfants, car le père de famille voulait trouver à son retour du travail une maison propre et des enfants présentables. Lorsqu'un ami du père, ou son frère, arrivait à l'improviste et trouvait les enfants mal habillés, sales, la mère était tenue pour fautive dans tous les cas. Parce-qu'il lui appartient de s'organiser pour éviter que ces cas de figure se produisent. Dans toutes les sociétés du monde, on sait que les femmes sont et doivent être fatiguées pour netretenir leur foyer, éduquer leurs enfants et s'occuper de leurs maris. Mais, à l'époque, les hommes aussi avaient une vertu immense : ils s'occupaient de leurs épouses d'une manière exemplaire. Autant au plan matériel que moral. Ils avaient beaucoup d'indulgence envers elles. Et de tous les hommes, les hommes de Ndar étaient, à mon avis, les meilleurs maris. Toujours le sourire aux lèvres, ils s'adressaient à leurs épouses avec douceur. Ils n'étaient pas agressifs et, dans la mesure de leurs moyens, leurs femmes ne manquaient de rien. Ils les gardaient sur le droit chemin du Coran et de la vie. La femme ne se sentait nullement un objet comme le croient beaucoup aujourd'hui. Il y avait un partage des tâches accepté, hérité d'une longue culture et chacun, à sa manière, aidait et réconfortait l'autre. Nous, femmes, à notre tour, devions monter à nos enfants le bon chemin. Car ils ne sont jamais mauvais dès le départ, juste ignorants comme nous l'avions été.

Je trouve les parents actuels égoïstes vis-à-vis de leurs enfants. Il y a peut-être de la bonne volonté mais pas assez d'engagement. Parce-qu'il ne faut pas seulement se contenter de succomber à leur bon vouloir car cela n'est pas leur rendre service. Les parents ont déjà vécu avant d'être parents. Ils ont, de ce fait, des expériences -bonnes ou moins bonnes- à faire profiter leur progéniture. Nos mères et nos pères, et leurs ancêtres avant eux, ont fait des mariages exemplaires. Les femmes n'étaient pas des esclaves. Les femmes instruites n'étaient pas différentes des autres dans le mariage. Elles se comportaient de la même manière que celles non alphabétisées avec leurs maris. Dans notre tradition, l'esclavagisation de la femme n'a jamais existé.

Les hommes et les femmes d'aujourd'hui doivent faire preuve de beaucoup de ténacité avec leurs enfants et les aider car ce à quoi nous assistons actuellement, c'est de la perdition pure et simple.

Autrefois, presque toutes les femmes faisaient facilement plus de dix enfants. Et les femmes d'autrefois étaient heureuses d'avoir autant d'enfants car, dès qu'elle tombaient enceintes, elles étaient l'objet du respect et des attentions de tous et, en particulier, de leurs maris. Et les enfants aussi bénéficiaient de l'attention de tous car tout le monde s'occupait d'eux quand leur mère ne pouvait pas.

Lorsque les enfants deviennent grands, il leur faut, à leur tour, s'occuper de leurs parents. Même si ceux-ci ne sont pas dans le besoin, ils tirent du bonheur à chaque plaisir que leur offrent leurs enfants et ces plaisirs octroyés aux parents devenus âgés sont une clé du paradis.

Au petit garçon, on apprenait à, dès le réveil, aller se laver le visage et saluer tout le monde. Quand son père allait faire sa prière, il le suivait et restait derrière lui.

La fille, elle, passait généralement ses premières années chez sa grand'mère maternelle ou chez sa tante maternelle.

Dès l'âge de cinq ans, on leur apprenait à compter d'abord, avant qu'ils n'intègrent l'école coranique. À ce moment, ils faisaient l'apprentissage de la prière jusqu'à l'âge de sept ans. Si à sept ans, l'enfant ne priait pas, ses parents commençaient à le punir pour l'y obliger jusqu'à ce qu'il devint assidu. Au moment d'aller à l'école coranique, il lui était remis une miche de pain qu'il devait faire durer toute la journée car il y passait la journée jusqu'à la prère de *taakkusaan*, environ 17h. Ce pain, la première fois qu'il était donné à l'enfant, n'était pas un pain ordinaire mais celui que l'enfant emmène le premier jour de sa scolarité coranique pour que l'*ustaas*, le professeur de Coran, avant que l'enfant le mange, récite dessus des versets du Coran destinés à faire de l'enfant un érudit.

Il existe plusieurs sortes de pains dans la vie de l'enfant. Il y a le pain qui marque le sevrage, la fin de l'allaitement. Il y a le pain du Coran dont je viens de parler. Et il y a le pain du nom, celui utilisé lorsqu'on donne son prénom à l'enfant à son baptème, le septième jour de sa naissance. Tous ces pains sont à base de farine de mil car, dans la tradition, le mil porte bonheur.

Pour chacune de ces occasions, il y avait une fête au cours de laquelle tout le monde avait droit à un morceau du pain. Un petit morceau car chaque membre de la famille présent, même éloigné, y avait droit. Il était ainsi fait pour que, plus tard, tout le monde se souvienne de ce passage dans la vie de l'enfant.

Un jour, tu rencontres un jeune homme, mûr et sûr de lui, et tu te rappelles le jour de son baptème, lorsque tu as croqué ton morceau de pain. C'est une merveileuse émotion. Les anciens n'avaient peut-être pas grand'chose à offrir mais ils faisaient des choses inoubliables.

Voilà de beaux exemples de nos traditions qui disparaissent, hélas !

Les jeunes d'aujourd'hui pourraient s'amuser tout en gardant les bonnes traditions. Nos ancêtres aussi s'amusaient durant leur jeunesse mais cela ne les empêchait pas de connaître leurs devoirs. On peut s'accomoder de la culture occidentale tout en gardant ce qui est à nous. C'est à dire prendre ce qui est bon de la société occidentale et rejeter le mauvais côté et faire pareil avec la nôtre.

Ma ville natale, Ndar, regorge de cultures diverses. On y trouve, à la pelle, des *naar* originaires de Mauritanie, des descendants de colons français, des Marocains, des Libanais. Nous savons bien que Ndar est la ville le plus occidentalisée et le plus métissée du Sénégal. Cela ne nous oblige pas à rejeter notre culture qui est pacifique et tolérante.

Nous sommes très proches des Mauritaniens à cause de l'Islam. Autrefois, nous les appelions les *marabat*, déformation du mot marabout car le premier sens de ce mot est érudit islamique. C'est ainsi que l'on continue d'appeler les ustaas, les enseignants su Coran.

Dans Ndar, on voit à chaque coin de rue des maures devenus Sénégalais à part entière depuis des générations. Lorsque j'étais jeune, c'était des mauresques qui nous faisaient nos *addara* et nos *mbara*, décorations de perles, dans les cheveux et autour du cou. Pourquoi était-on si proches de leurs familles ? Parce-qu'elles s'occupaient bien de nos enfants, restaient souvent séjourner chez nous et enseignaient le Coran. Les femmes aux filles et les hommes aux garçons. Je dois dire que je les trouvais quand même envahissants parfois. Ils mangeaient mieux que les membres de la famille et, la nourriture, ils ne la demandaient pas pôliment mais l'exigeaient pratiquement. Mais à part cela, c'était des gens bien. Lorsqu'ils arrivaient pour un séjour étendu, ma mère leur achetait tissu, fil et aiguilles pour coudre leurs *xaima*, tentes, qu'ils installaient dans la cour. Après, nous formions tous une grande famille. C'était quelque chose de positif. Tous les habitants de Ndar connaissent la culture des maures.

Il y a aussi les Pullaar qui forment à Ndar une communauté ancienne et importante. Ils sont devenus des ***doomundar*** (gentilé de Ndar). Tout comme les Naar et les autres communautés que j'ai citées.

À Ndar, tout le monde est parent, malgré les différentes cultures. Les doomundar authentiques sont très larges d'esprit et ont une éducation exemplaire. Ils acceptent tout le monde, quelles que soient la culture ou l'origine. Autrefois, lorsqu'un doomundar voulait s'adresser à quelqu'un dont il ignorait le nom, il disait "Mon père" ou "Ma mère", "Mon frère" ou "Ma soeur" pour éviter de simplement dire "Hé" comme tout le monde semble trouver normal de faire aujourd'hui car, à l'époque, c'était presque une insulte d'appeler quelqu'un "Hé". Particulièrement en présence d'un enfant car l'éducation se fait aussi dans la rue et cet aperçu est un très mauvais apprentissage de vie. Pour exemple, prenez le cas de l'école coranique qui était un lieu privilégié pour l'éducation des enfants. Lorsqu'un enfant arrivait pour la première fois, il n'était pas pris en charge par le professeur, sauf pour l'accueil, mais par un autre élève qui a une ancienneté et de l'expérience. Toujours les filles avec les filles et les garçons avec les garçons.

Autrefois, l'éducation à Ndar était très rénommée et prisée. On voyait souvent des gens d'horizons divers venir confier leurs enfants à des parents installés à Ndar pour que ceux-ci y bénéficient de l'éducation. L'école coranique était moderne bien avant maintenant. La récréation existait. Il était demandé aux enfants d'amener leur goûter. Un *daara*, école coranique, pouvait accueillir plus de cent élèves avc, comme seul adulte, l'ustaas. Celui-ci responsabilisait les élèves plus anciens et leur accordait droit d'initier les nouveaux et il obtenait des résultats positifs. Il partageait les rôles. Un élève était chargé de faire réciter certains, un autre d'écrire les versets sur les *alluwa* (tablettes en bois sur lesquelles étaient consignées les leçons), ainsi de suite. L'ustaas n'enseignait directement qu'à certains, plus anciens élèves et ceux particulièrement doués. Différents élèves choisis par lui s'occupaient de tous les autres.

Au Fouta, à certaines heures, aux heures de repas précisément, les élèves allaient mendier pour nourrir l'ustaas et eux-mêmes lorsqu'ils habitaient tous ensemble chez l'ustaas. À Ndar, ils allaient à l'école coranique tôt le matin et revenaient chez eux en fin d'après-midi. Mais auparavant, ils allaient quand même mendier pour l'ustaas. À certaines occasions, ils restaient tard la nuit étudier avec comme seule lumière un petit feu de bois. Parce-que l'électricité était rare et, chez les ustaas, quasiment toujours inexistante.

Mendier, à l'époque, pour les petits *taalibe* (étudiants) n'était pas un signe de pauvreté mais un cran important de l'éducation. Quel que soit le degré de fortune de tes parents, tu allais quand même mendier, et même si l'ustaas n'était pas lui-même démuni. C'était une manière d'endurcir les enfants, de leur apprendre à savoir faire face à des situations imprévisibles pour leur âge mais bien présentes dans la vie. C'était également une manière de leur apprendre à se respecter, à se faire des efforts pour ne jamais avoir à mendier et de fait, déjà, à l'école, ils apprenaient à s'habiller encore plus décemment si possible et à s'alimenter avec retenue.

De nos jours, les enfants sont confiés à un ustaas pour que les parents en soient déchargés. Ils choisissent d'aller traîner partout plutôt que de quémander. Lorsqu'ils n'aménent rien à l'ustaas, celui-ci les tabasse, parfois vraiment cruellement. Cela les conduit à voler pour lui présenter quelque chose et éviter d'être battus. Les priorités ont complétement changé. C'est un très mauvais signal pour l'avenir.

Avant, lorsqu'ils allaient mendier, les enfants quêtaient aussi dans les maisons la permission de rcueillir de la suie pour fabriquer du *daa*, l'encre utilisée pour écrire sur les alluwa. À l'époque, on faisait encore la cuisine au charbon de bois dans toutes les maisons. Certains foyers défavorisés l'utilisent encore. C'est la suie collée aux marmites que l'on grattait pour confectionner du daa. Ils allaient aussi chercher des tiges de bambou pour en faire des *xalima*, les plumes à tremper dans le daa.

Les élèves avaient aussi d'autres tâches, toutes, pour leurs âges, très contraignantes. Travaux domestiques comme piler le mil et autres céréales, éplucher des légumes, aller puiser de l'eau, nettoyer les sols, aller faire les courses au marché GettuNdar, aller chercher du poisson au fleuve, aller chercher du bois ou encore laver les moutons. Et ni le père ni la mère ne rouspétaient; c'est dire si l'éducation avait une grande importance. Ils étaient, au contraire fiers, car leur enfant était en apprentissage de la vie. Je crois, pour ma part, qu'il est impossible qu'un enfant ainsi élevé n'acquiert pas une force de caractère et une humilité suffisantes pour affronter la vie. Parce-qu'il était entouré de plusieurs personnes qui veillaient sur lui jusqu'à sa majorité.

Généralement, la circoncision était effectuée chez le marabout, *ustaas*, avec, bien sûr, l'assentiment des parents. Auparavant, il procédait au *feeddë*, le pré-détachement du prépuce du pénis par manipulations expertes. Les enfants en âge d'être circoncis étaient disposés par petits groupes sur une même natte chaque. Autrefois, il n'y avait ni antibiotiques, ni piqûre antitétanique. La veille de la cérémonie, le marabout envoyait à la famille des garçons des amulettes qu'ils porteraient après l'opération. Celle-ci était pratiquée sur un mortier. Voilà pourquoi il est interdit aux hommes de s'aseoir sur un mortier.

Le matin, de bonne heure, les garçons se rendent chez le marabout à jeûn. Au retour, on leur préparait un *laaxu soow*, bouillie de mil servie avec du lait caillé sucré et arômatisé en hors d'oeuvre, suivi d'un copieux *ceebu jen*, riz au poisson à la sauce tomate, particulièrement raffiné qu'ils dégustent pendant que la fête est dirigée par les *gewël* (griots) et les *tëgg* (forgerons) qui célèbrent leur courage et leur entrée dans la Case des Hommes.

Ainsi que je l'ai dit auparavant, à Ndar, il existe une égalité des droits entre toutes les communautés parce-que les doomundar acceptent et respectent chacun. gewël, tëgg et autres *ñeeño* (personnes appartenant à des castes) étaient égaux avec les *geer*, personnes non castées. Chacun connaissait son rôle social et chacun respectait ce que l'autre faisait.

Les garçons nouvellement circoncis restaient rassemblés chez le marabout jusqu'à leur sortie de *lël*, période entre la circoncision et le retour à l'état civil. Car, une fois circoncis, les garçons ne s'habillent plus à leur guise comme avant mais avec un boubou et un bonnet grossièrement taillés dans un tissu rude et mesquin. Ils n'ont pas le droit d'embrasser leurs parents et pas le droit de toucher personne d'autre que leurs *selbe*, jeunes gens du voisinage déjà circoncis qui servent de garde rapprochée et sont, seuls, habilités à communiquer avec les *njuli*, circoncis, à part l'ustaas. Il leur a été donné à chacun un canif dont ils ne se sépareront qu'au sortir du lël. Pour saluer, ils ne tendent pas la main mais leur *leenge*, un bâton que les selbe leur ont appris à tailler et où ils inscrivent une encoche chaque jour du lël. Ils ont le bout de prépuce qui leur a été enlevé noué sur un pan de leur nouvelle vêture.

Au second jour, le lendemain de l'opération, commençaient les *kasak*, fêtes organisées chaque nuit autour d'un grand feu, avec *sabar* (tamtam), chants et danses à la gloire des courageux nouveaux hommes, et où les filles leur faisaient des déclarations d'amour. En fait, c'était des demoiselles bien plus âgées qu'eux qui le faisaient pour les inciter à rester braves jusqu'au bout. Les kasak attiraient des foules dont d'excellents et réputés chanteurs qui joutaient pendant une grande partie de la nuit. Ils avaient lieu tous les soirs à l'exception des jeudis qui étaient consacrés à la prière.

À Ndar, il existe un énorme baobab appelé *Guy Seddële*, le Baobab du Partage, que tous les circoncis de la ville doivent aller visiter pour y planter un clou et y inscrire leur nom. Les circoncis devaient également aller visiter chaque parent de l'un d'eux habitant Ndar. Sans aucune exception car, s'il y'en avait un d'oublié, il pouvait se fâcher et considérer avoir été délaissé.

Le dernier jour du lël était un jour particulièrement émouvant. La fête de sortie de lël avait lieu dans la journée. Les garçons, qui commençaient à s'habituer à vivre ensemble en lël, avaient du mal à l'idée de se séparer de leurs camarades. On leur enlevait l'ingrat vêtement du lël pour leur mettre -vous souvenez-vous ?- le pagne qui avait servi à les porter le jour de leur première sortie sur le dos d'une jeune voisine, avec leur mère à leurs côtés. C'était un jour à la fois magnifique et d'une grande tristesse. Tous les parents -c'est à dire également oncles, tantes, cousins et cousines, frères et soeurs, voisines et voisins de tous âges et grands parents- qui n'avaient pu les voir pendant toute la durée du lël (généralement un mois plus ou moins) étaient présents. La tristesse venait surtout de ce que, souvent vu leur nombre, certains garçons, orphelins, n'avaient pas leur père ou leur mère présents. Les griots leur chantaient sur des tonalités émouvantes leur entrée chez les hommes :

> *"Yaayo seeni doomangi*
> *Janxjee goor ñu beesangi"*

> " Mères, voici vos enfants
> Jeunes filles, voici de nouveaux hommes"

Tout le monde pleurait ou retenait difficilement ses larmes.

La cérémonie était, par la suite, transférée au petit bras du fleuve où tout ce que les njuli avaient touché de leurs mains, nattes, vêtements, couvertures, était symbôliquement brûlé dans un grand feu de joie.

Au crépuscule, les garçons s'étaient éclipsés discrètement pour rentrer chez eux sans se retourner.

À l'époque de mon enfance, c'est un grand marabout qui était l'imam ratib de Ndar. Maam Muusë Joob comptait parmi les saints du Sénégal d'avant. C'était l'ustaas qui enseignait le Coran dans la plus grande école de l'île. C'était lui qui circoncisait les enfants.

Durant l'année scolaire, les écoliers allaient paralèlement à l'école coranique selon leur emploi du temps. Mais tout cela n'empêchait pas les enfants de s'amuser. À Ndar, il ne se passait aucune fête, musulmane ou chrétienne, sans que les gens ne manifestent leur joie. Tout se faisait dans le plus grand respect des religions. Musulman, tu pouvais aller à une fête chrétienne en respectant les interdits imposés par ta religion.

C'était l'époque où l'on organisait la fête des fanals dans les différents quartiers de Ndar. Des petits fanals pour les enfants de moins de dix ans jusqu'aux grands fanals pour les adultes, il y'en avait pour chaque génération. Organiser un fanal, c'était toute une organisation de groupes subdivisés en sous-groupes, et chacun jouait un rôle dans la finalisation du projet. Dès le départ, chaque quartier donnait le nom d'une personne éminente à son fanal. On chantait et on dansait jusqu'au matin. Sur des chansons composées par les délégués de chaque quartier. On chantait les louanges du parrain ou de la marraine qu'on avait choisis, ses parents et ses ancêtres. Ce n'était pas forcément des griots qui composaient ou chantaient, les nobles aussi louaient leurs bienfaiteurs après Dieu. Parce-que pour organiser un fanal, il fallait une logistique et des moyens. Ceux qui sponsorisaient un quartier étaient, en retour, remerciés par des chansons. Parfois, il s'agissait d'étrangers à Ndar mais cela n'importait pas. De la même manière que chaque quartier organisait un fanal sans restriction pour aucun, malgré la rivalité amicale qui opposait les habitants de l'île à ceux des autres quartiers, ceux de l'île considérant qu'ils étaient les seuls DoomuNdar authentiques. En réalité, tous savaient que Ndar était à qui y vivait et s'y sentait appartenir. Comme partout. Du moins, je l'espère de tout mon coeur.

En ce temps, le gouverneur de la Mauritanie et celui du Sénégal résidaient tous deux à Ndar, le premier à Ndar Tut, le second à l'actuelle résidence du gouverneur de région. On leur demandait, à tous les deux, de sponsoriser les fanals. Comme pour d'autres notables, on les chantait et ils donnaient beaucoup d'argent.

Les indisciplinés n'étaient pas acceptés dans l'organisation des fanals car le but des fanals, c'était de s'amuser dans le respect les uns des autres. Ensuite, de faire rentrer de l'argent pour l'ensemble de la communauté d'un quartier. Si une personne connue pour son indiscipline était conviée à la fête, on envoyait d'abord un notable respecté chez ses parents pour la faire se désister parce-que, sinon, la responsabilité de l'échec de tout le quartier était la leur.

Après les fanals, on sélectionnait des dates correspondant à des jours fériés et on faisait savoir à tous les doomundar éparpillés à travers le Sénégal qu'ils étaient conviés à une fête. La fête durait trois ou quatre jours. Jeunes, moins jeunes et vieux y étaient tous cordialement conviés.

La nourriture et la danse étaient les attractions de cette fête. La fête était supposée commencer le jeudi, mais la nuit du jeudi au vendredi étant considérée sacrée, c'était repos.

Il n'y avait aucune diffrence entre ñeeño et geer. Tout le monde était griot, noble et forgeron. Les femmes et les demoiselles se préparaient en se faisant de belles tresses et du henné sur la paume des mains et la plante des pieds. Elles se mettaient des bijoux de valeur. Plus de cinq taureaux étaient égorgés. Les femmes portaient au moins cinq pagnes et se mettaient de lourds bracelets de valeur aux pieds. Elles portaient une camisole quelle que fût la chaleur. Lorsque leurs maris partaient en voyage, ils leur ramenaient des cadeaux superbes, perles rares, tissus recherchés, pagnes d'une rare finesse et bijoux. Instruites ou pas, toutes s'habillaient avec la même élégance. D'ailleurs, toutes étaient instruites puisque certaines l'étaient de l'école française et d'autres de l'école traditionnelle africaine et coranique. Et, souvent, celles qui étaient instruites à l'occidentale l'étaient aussi dans la tradition et le Coran. Ndar était, est encore aujourd'hui, un haut lieu de la religion, mais aussi un haut lieu de la distraction car Dieu, le Tout-Puissant dit : Amusez-vous comme si vous n'alliez jamais mourir mais aussi priez comme si vous deviez mourir demain.

Avant la fête d'après fanal, on occupait plusieurs maisons. On y étalait des *pajaas* (matelas) dans les cours sur lesquels les gens s'asseyaient, ainsi que des nattes importées de *Gaannaar* (Mauritanie) ou d'Orient. On faisait brûler de l'encens dans les pièces. Les griots venaient avec leurs *xalam*, guitares tétracordes, et on faisait la fête toute la nuit. Au petit matin, les femmes préparaient le petit déjeuner en commençant par du laax. Après, elles servaient le café. Après avoir récupéré un peu, la fête continuait de plus belle. Dans l'après-midi, on distribuait un goûter aux invités. Mais tout cela se faisait dans la pudeur. À Ndar, tout le monde savait faire la fête, mais la fête dans le respect de la tradition des ancêtres et, surtout, de la religion. Il n'y avait aucune débauche, à part de rarissimes exceptions.

Après, on faisait appel au meilleur batteur de tamtam de Ndar pour le sabar – sabar est également nom de la fête animée par le tamtam. Le sabar nocturne est appelé *taanëbeer*. Il se passe en pleine rue et dure jusqu'au petit matin. Les *ndanaan*, playboys, étaient, bien sûr, là, sur leur trente-et-un.

Le lendemain, c'était *xawaare*, soirée festive sans danse, et, la fin approchant, les organisateurs faisaient le bilan de ces trois ou quatre jours de fête. On remerciait tout le monde, on récitait des versets du Coran comme on le fait souvent avant ou après une entreprise.

Avant d'organiser quoi que ce soit, il fallait l'aval de l'iman et des notables. C'était évident pour tout le monde. Il fallait l'aval des autorités administratives, morales et religieuses.

Je reviens à l'éducation car l'important, c'est avant, l'éducation. Les authentiques doomundar sont des personnes très sages et très cultivées. J'insiste aussi encore sur l'importance qu'il y a à éduquer nos enfants et à leur faire bénéficier de nos expériences car, à mon avis, notre monde est en perdition totale, en perte des vraies grandes valeurs. C'est regrettable mais je crois qu'il peut se rattraper. Et puis éduquer, ce n'est pas si difficile en réalité. Il y faut beaucoup de bonne volonté. Il ne faut pas que l'enfant se sente coincé entre le marteau et l'enclume, pris dans un étau. Il a besoin d'être mis en confiance. On ne peut éviter d'être sévère de temps en temps, voire de corriger, mais la grande éducation, c'est, avant tout, la sagesse. Où qu'on aille dans le monde, on trouvera des personnes bien et d'autres moins achevées. Il faut savoir s'orienter vers le bon chemin et cela s'apprend dès la plus tendre enfance. La mère biologique n'est pas unique responsable de l'éducation de son enfant. La société qui l'entoure y a aussi sa part. Tout le monde est interpellé dans cette phase délicate de la vie de l'enfant. Lorsqu'il part en vacances chez des parents ou des amis de sa famille, ceux-ci sont responsables de son éducation autant que de sa sécurité. Lorsque l'on aménage dans un nouveau quartier, il est bon d'aller saluer tous ses voisins et de demander à rencontrer l'imam pour nouer une bonne relation avec lui et pour qu'il vous bénisse. Après quoi, vous avez la conscience plus légère pour entrer dans cette nouvelle vie. Lorsqu'arrive un nouveau voisin, à votre tour, vous faites partie de ceux qu'il visitera.

Autrefois, donner à manger à un pauvre ou aider un amoindri était un plaisir. Aujourd'hui, même s'il est vrai qu'il y a la crise, donner un peu de riz à un pauvre, ce n'est rien pour nous, humains, mais c'est très grand devant l'Éternel. On voyait des voisins devenir aussi liés que des frères ou des soeurs. Il arrivait fréquemment que l'on choisisse de donner à son enfant le nom d'une voisine, d'un voisin, au lieu de celui d'un membre de sa famille parce-qu'avec cette voisine, ce voisin, vous aviez developpé des lien aussi forts que ceux de la parenté.

Aujourd'hui, nous assistons, impuissants, aux ravages des moeurs nouvelles sur nos enfants. Certains d'entre eux sont devenus carrément des délinquants. D'autres se noient dans la facilité qu'offrent les boîtes de nuit et autres lieux nuisibles, se mettant à la merci de tous les virus, biologiques aussi bien que sociaux.

Beaucoup de parents actuels confondent éducation et instruction. L'instruction est très importante. Mais il n'est absolument pas indispensable d'être instruit pour être éduqué. Bien se comporter ne s'acquiert pas uniquement à l'école occidentale. L'école du voisinage était également un excellent guide. Pour tous les musulmans, jeunes et moins jeunes, le voisinage est quelque chose de très important. En cas de problème chez soi, c'est d'abord le voisin qui intervient avant qu'interviennent les oncles et les grand'mères. Il ya plusieurs manières d'aider quelqu'un. La plupart des gens d'aujourd'hui semblent considérer que seule compte l'aide financière. Mais en cas de dépression, par exemple, celle-ci compte bien moins que la présence physique et le soutien moral. Lorsque quelqu'un vient vous exposer un problème uniquement pour que vous lui apportiez un soutien moral, cela devrait être très flatteur.

Il ne faut pas mettre tout le poids du blâme sur les jeunes. Les adultes sont les principaux responsables. Ils n'aident pas suffisamment les enfants. C'est nous, les adultes, qui sommes fautifs. Parce-que l'enfant ne fait que reproduire ce qu'il voit chez l'adulte. Si tu n'es pas mieux éduqué que l'enfant que tu veux éduquer, tu perds ton temps et son temps. Disons que l'adulte doit, d'abord, être un bon exemple. Si tu pries, ton enfant priera aussi. Il suivra ton exemple. Les adultes d'autrefois se levaient tôt le matin pour prier et faire prier les enfants. Quand un enfant musulman commence à prier, il commence à connaître Dieu. Et quand il connaît Dieu, il lui est difficile de transgresser des interdits. Quand l'enfant craint Dieu, il craint aussi ses parents. Dans ce cas, craindre n'est pas avoir peur mais respecter. L'enfant connaîtra l'importance de Dieu dans chaque instant de sa vie et il mesurera ainsi l'importance de ses parents. C'est à nous, parents, qu'il appartient d'initier l'enfant au message divin. Avant comme maintenant, aller à l'école servait et sert toujours à trouver un emploi plus tard. Mais la religion te garantit ta vie d'ici-bas et celle dans l'au-delà. Nos grands parents n'avaient pas nos moyens d'aujourd'hui mais ils s'en sortaient très bien. Ils n'avaient pas de complexe et n'imitaient pas aveuglément les Occidentaux. Ils savaient qu'ils étaient noirs de peau et que d'autres étaient blancs et que c'était l'oeuvre de Dieu. Chacun doit assumer sa couleur. On ne peut pas être noir et penser, se comporter comme comme si on était blanc. À chacun sa culture.

Avant, dès qu'on voyait quelqu'un, on pouvait lui donner son âge sans avoir besoin de demander. Parce-que chacun s'habillait comme les personnes de son âge, se comportait comme les gens de son âge. Tout cela résultait de l'éducation. Chacun connaissait sa place. Lorsque tu allais à une fête, un baptème par exemple, tu t'asseyais avec celles et ceux de ton âge. La classification se faisait entre quatre âges : le bébé, l'enfant, l'adolescent, l'adulte. Tout le monde savait quel âge avait chacun. Aujourd'hui, les mères ne savent plus à quel moment leurs filles ont leurs premières menstrues. Les mères d'aujourd'hui laissent à l'école occidentale le soin de se charger de tout. C'est à cause du manque d'assistance qu'il y a beaucoup d'accidents. Avant, c'était la mère qui assurait scupuleusement tout le suivi. Je reconnais que les enfants sont plus intelligents, hélas, c'est souvent à mauvais escient. Maintenant, les enfants refusent d'accompagner leurs parents pour toute forme de sortie. Ils en ont honte. Ils préfèrent, à la place, aller traîner avec leurs copains. Et les parents ne savent plus qui leurs enfants fréquentent. Les oncles et les tantes n'ont plus aucune ascendance sur les enfants; Il en découle fatalement une dégradation des moeurs.

La mère et le père seuls, dans nos sociétés, ne peuvent assurer l'éducation des enfants. La grand'mère, le grand père, la tante, l'oncle, les frères et soeurs aînés, les voisins, tous y ont leur mot à dire. Certains enfants font pitié par leur comportement et, ça, c'est tellement dommage... Il m'arrive d'avoir peur de parler à des enfants de crainte de leurs réponses. Mais on est obligés de leur parler. Parce-que c'est notre devoir de les aider à évoluer vers le bien, malgé les risques. Ce n'est jamais de leur faute et toujours, c'est la faute des parents si faute il y a.

Aujourd'hui, nous vivons l'ère de l'argent, le matérialisme. Alors que l'on peut obtenir tout si seulement l'on est patient. Dieu aime la patience, l'intégrité et la sagesse. Dieu dit bien dans le Coran qu'il aime les personnes patientes.

34

Être un bon pratiquant ouvre beaucoup de portes. Être patient est une astreinte très dure. C'est pourquoi Dieu recommande la patience aux croyants. Il arrive souvent que les gens se mettent en colère lorsqu'on leur recommande la patience alors que c'est le meilleur conseil qui puisse être donné, quelle que soit la circonstance. Un de nos proverbes dit : si quelqu'un te dit de te couvrir les fesses, c'est à ton bien qu'il pense sinon il te laisserait aller en public les fesses à l'air. Les anciens étaient des personnes d'une grande patience et ils recommandaient la patience aux jeunes de leur époque. Tout ce que nous avons de bien jusqu'ici provient d'eux. Alors, la patience est une valeur sûre.

Nos ancêtres étaient plus civilisés que nous. Ils étaient des bourreaux de travail. Quand ils se levaient le matin, ils faisaient leur toilettes comme s'ils sortaient, même lorsqu'ils restaient à la maison. Les femmes de Ndar se paraient de leurs plus beaux habits dès le matin et entamaient leur travail quotidien qui consistait à coudre des ornements sur des pagnes toute la journée à l' académie de coupe, de couture et d'agrémentation traditionnelle, avec pour seuls outils, du fil et une dizaine d'aiguilles. Ndar était la capitale des *serru ñaw*, pagnes entièrement faits à la main et qui étaient vendus en grandes quantités à travers tout le pays. Le commerce était florissant mais il était réservé aux adultes. Avant d'accéder à l'école de coupe et de couture, il fallait avoir assimilé le Coran au daara. Il arrivait que pendant la formation aux serru ñaw, la formatrice demande tout à coup à une élève de réciter une sourate du Coran de son choix. Puisqu'elle aussi, connaissait déjà le Coran par coeur. Il existait plusieurs sortes de pagnes. Le *serru takkal puus* était fait à la main avec la même aiguille du début à la fin. Le *takkal we* était ainsi nommé parce-qu'il était fait, pour le plus gros, avec les ongles, *we*. Il y avait le "corail" qui était le travail sur les tissus teints. La "cotonnade" était le travail de couture des morceaux de tissu en coton sur la surface des pagnes que l'on teignait après pour les futures mariées qui devaient s'en recouvrir la tête.

On faisait aussi de la broderie. J'en ai fait moi-même. C'était un travail plaisant mais qui prenait beaucoup de temps. Je ne le faisais, pour ma part, que pour le plaisir car c'est un travail qui demande des moyens parce-qu'on doit faire appel à des artistes pour dessiner les motifs et à des menuisiers pour couper et arrondir les modèles, les mannequins de bois. Une association des spécialistes de la couture nous chapeautait. Elle coordonnait le commerce de notre travail entre Ndar et le Soudan, actuel Mali mais que nous appelions déjà Mali depuis toujours. Les commerçants Maliens venaient à Ndar acheter les tissus que nous appelions *fajma* (soigne-moi) et le produit qu'on utilisait pour la teinture qui s'appelait *xoimet* (rapide comme l'éclair, pour signifier travail rapide et soigné). Ils les achetaient en quantité pour les revendre chez eux. Rien n'était cher à l'époque. Un costume complet, *mbubb* boubou, *musoor* foulard de tête et *serr* pagne revenait à environ 30F. Pour exemple, une maison coûtait environ 3000F.

À cette époque bénie, les filles faisaient le travail et le remettaient aux grandes personnes qui le vendaient et leur donnaient un pourboire. Et les filles étaient aux anges. C'est un bel exemple de bonne éducation.

Avant, les personnes partageaient tout. Le riz, l'huile, le sucre, etc. Dans leur quartier. Il arrivait que les habitants se partagent le sac de riz du voisin lorsqu'il était connu qu'il était absent avec sa famille. C'était une tradition. Aujourd'hui, on n'oserait même plus imaginer ce bel exemple d'abnégation communautaire. On me dira que c'est parce-qu'il y a la crise mais c'est en partie à cause de l'oubli de cela qu'il y a la crise ! Avant, bien avant, lorsque l'on disposait d'une mensualité suffisante pour faire face aux frais de sa maison, comment pouvait-on mal se comporter dans son foyer ? Les tentations diaboliques actuelles n'étaient pas aussi puissantes, loin de là. Les femmes n'avaient besoin que d'une chambre à coucher. Les enfants dormaient chez leur grand'mère. Les hommes cessaient de courtiser dès qu'ils étaient mariés et avaient un comportement digne de tous les éloges vis à vis de leurs épouses qui le leur rendaient bien. Lorsque les maris rentraient à la maison après une journée de travail, elles s'occupaient d'eux comme s'ils étaient des rois. On recommandait aux femmes d'éviter de mettre leurs maris en colère parce-que c'était irrespectueux vis à vis de Dieu. On leur disait aussi de ne pas les affamer car les hommes ne supportent pas la faim.

Les hommes, dès qu'ils ont faim, expriment leur désarroi qui se transforme vite en mauvaise humeur. Les épouses se débrouillaient pour toujours garder des ingrédients pour préparer rapidement une collation à laurs maris entre les repas. Ces casse-croûte étaient garnies d'excellents produits qu'elles gardaient amoureusement en attendant le moment de précéder la crise. L'homme avait le choix entre plusieurs mets. Les hommes de Ndar étaient -sont toujours- traités, de manière taquine, de *goorundar* par les autres avec, toutefois, une pointe de jalousie. C'est qu'ils aimaient la bonne chère et étaient servis par des épouses respectueuses et soumises.

Aujourd'hui, ces traditions sont bafouées au nom du modernisme. Les nouvelles jeunes femmes considèrent que l'homme ne leur est en rien supérieur, qu'il est une personne au même titre que la femme. Mais pourquoi alors Dieu créerait-il deux sexes différents et ferait l'homme plus fort que la femme. Exiger d'être respecté par l'homme est un droit. Vouloir uniformiser le travail que Dieu a clairement différencié en est une toute autre. Je ne suis pas contre l'évolution, mais qu'elle aille dans le bon sens. Nos hommes ne sont pas nos ennemis mais nos gardiens au nom de Dieu. Depuis que le monde est monde, il n'y a jamais eu de surhomme, à part, peut-être, les envoyés de Dieu.

Autrefois, on éduquait avec autorité les enfants du voisin également et le voisin vous en savait gré car il savait que c'était pour le bien de son enfant. Aujourd'hui, si je me risque à faire une remarque à l'enfant de mon voisin, je peux me retrouver en prison. Dieu seul est grand.

Avant, on évitait de façon maniaque de faire des choses qui ne plaisaient pas à son mari. Maintenant, quand ton mari s'exprime, tu l'interromps pour l'engueuler sans vergogne. Pourtant, autrefois, la démocratie existait dans le couple. Le mari avait des règles à respecter, donc le devoir de bien traiter sa femme. Lorsque celle-ci avait à se plaindre de son mari, elle s'adressait à ses parents qui envoyaient l'oncle qui avait accordé sa main pour régler le conflit avec les parents du mari.

Les hommes aimaient que leurs épouses leur récitent des versets du Coran. D'autres apprécianet que leurs femmes leur chantent les louanges de leurs lignées. Dès que l'homme revenait du travail à midi, sa femme n'avait plus d'yeux que pour lui et était à ses petits soins. Elle lui préparait du thé ou lui confectionnait du lait caillé aromatisé. Elle était à son service total jusqu'à ce qu'il parte reprendre son travail pour l'après-midi. Elle l'accompagnait jusqu'au portail et ne sortait plus. La femme mariée d'antan ne sortait jamais de chez elle sans l'autorisation de son mari. Au moment où celui allait arriver à la fin de l'après-midi, elle se toilettait à nouveau pour l'attendre.

La solidité d'un mariage reposait en bonne part sur les beaux-parents et les oncles des deux côtés. Lorsque ceux-ci étaient écartés, le mariage avait toutes les chances d'être raté. Les conflits sont résolus grace au bon sens. Les beaux-parents et les oncles, bénéficiant de l'expérience, sont censés avoir du bon sens. Aujourd'hui, beaux-parents et oncles sont discrédités parce-qu'ils sont jugés responsables des malentendus entre les couples. C'est pour éviter cela qu'autrefois, on resserrait les liens entr les enfants et leurs grands parents et entre les enfants et leurs oncles pourq eu grands parents et oncles aient de l'influence sur l'enfant très tôt. Avant le mariage, la famille de l'homme achetait un grand sac de cent kilos de mil qui était offert aux mères de la mariée en devenir. Je dis bien aux mères au pluriel car il s'agissait, en plus de la mère biologique, de ses soeurs, de ses cousines et de ses amies. Deux, trois kilos étaient distribués à chacune car, en l'absence de la mère biologique, chacune d'elles s'occuperait de la belle-fille.

Avant, dès qu'une jeune fille allait se marier, elle ne sortait plus de chez ses parents pendant hit jours. Dès que la nouvelle était connue, des griottes étaient envoyées en émissaires dans tous les quartiers de Ndar pour collecter auprès de le famille de la jeune fille des photos de membres de sa famille remontant jusqu'aux plus anciennes que l'on pouvait trouver afin qu'elle-même se familiarise avec sa lignée et apprenne à bien savoir d'où elle vient. Les photos recueillies étaient placées aux murs de manière à en occuper le maximum de surface. Cette tradition est encore perpétuée dans certaines familles, hélas, de plus en plus rares. Voilà pourtant, à mon humble avis, une tradition qui devrait être préservée pour la très bonne raison qu'elle permet aux personnes de savoir leur généalogie, de savoir d'où elles viennent, de connaître, fût-ce à titre posthume, leurs grands parents. Actuellement, une jeune personne, particulièrement un jeune homme, ne saurait citer un de ses arrière grands parents.

Les préparatifs de la cérémonie étaient grandioses. À l'approche du mariage, on embellissait la maison. Murs et sols étaient détartrés et lavés. Les murs étaient repeints. Trois ou qutre jours avant, la cour devait être impeccable. Les invités venaient de tous les coins du pays à l'avance.

Avant, les conjoints étaient choisis par les parents. Cela n'avait rien d'arriéré à mon avis car, si l'on faisait des statistiques, on constaterait qu'il y a infiniment plus de divorces maintenant qu'alors. Les gens évoluent, c'est vrai, et c'est normal. Mais j'affirme que ce qui se passait autrefois est, de loin, une meilleur garantie de pérennité des couples que ce qui se passe actuellement. Les parents ne peuvent plus choisir un conjoint à leurs enfants.

Le mariage est sacré, dur, éprouvant mais aussi source de bonheur, de quiétude, d'équilibre. Donc, il ne doit pas être rpis à la légère. Un contrat supposé durer à vie n'est pas une chose banale. Je crois qu'il était bon de laisser faire les personnes expérimentées, les parents. Les personnes d'avant sont des références. Je ne dis pas qu'ils ne divorçaient pas. Mais ils faisaient tout pour éviter que cela arrive, se faisaient des concessions pour sauver leur ménage. Aujourd'hui, à la première altercation, le mari ou la femme commence à parler de divorce. Comme s'il s'agissait de régler les choses d'une simple pichenette.

Autrefois, il n'y avait pas de mariage d'intérêt mais des arrangements entre les familles. Un enfant de notable pouvait se marier avec un autre de condition modeste d'une bonne famille. Une bonne famille n'était pas une famille riche mais une famille de principes et de valeurs traditionnelles. Ce n'est pas l'argent qui était au centre de tout mais les liens de sang et ceux de bon voisinage dans la durée. L'argent n'était jamais l'argument du mariage mais un moyen, utile, il est vrai quand il était là, de subvenir aux besoins matériels secondaires, au luxe, au superfétatoire.

Aujourd'hui, c'est l'ère de l'argent. Ceux qui ont beaucoup d'argent ne fréquentent que ceux qui ont beaucoup d'argent. Ceux qui n'en ont pas beaucoup sont méprisés. Je trouve ce changement d'une tristesse infinie. Les valeurs sont complétement chamboulées.

L'homme montrait à la femme sa supériorité physique, intellectuelle et morale. Il lui faisait comprendre pourquoi Dieu a fait différents la femme et l'homme. Aucun des futurs conjoints ne savait qui il épouserait. L'obéissance aux parents faisait le mariage. Ce respect dévoué aux parents est devenu extrêmement rare de nos jours. Et cette qualité était uniquement dictée par la soumission à la volonté Dieu.

Si aujourd'hui, les jeunes s'empressent de rétorquer que les parents n'ont rien à voir dans leurs foyers, c'est aussi un non sens. Ils marient selon les règles de la religion pour obéir à Dieu. Dieu, par ailleurs leur impose d'obéir à leurs parents. Voilà bien une contradiction flagrante. Voilà pourquoi il est bon de se ressourcer souvent pour s'enraciner davantage.

Je ne dis pas qu'il faille céder à ses parents les rênes de son ménage, aucun parent sain d'esprit ne réclame cela. Il faut rendre aux parents leurs droits naturels même s'ils ne sont pas inscrits dans la Constitution. Personne n'a envie d'avoir un enfant, de l'aimer, de l'éduquer de son mieux, d'accomplir tous ses devoirs envers lui et de le voir tomber dans la délinquance. Tout ce que font les parents pour leurs enfants, ils le font pour leur bien, aux enfants. S'il arrive qu'un enfant se rebelle contre ses parents, alors, il appartient à Dieu de lui venir en aide et de le remettre dans le bon chemin. Aujourd'hui, les jeunes respectent de moins en moins leurs parents. Ils s'estiment plus intelligents qu'eux et ne les écoutent plus. Dégradation des moeurs, drogue, épidémies nouvelles à grandes envergures sorties du néant en sont les conséquences. Les ancêtres disaient : "Si tu ne sais pas où tu vas, retourne d'où tu viens."

Chaque parent souhaite que son enfant soit le meilleur de

tous. L'enfant arrive muet et vierge de connaissance. Toute la responsabilité de le former incombe aux parents et à la société. Tous en rendront compte à Dieu. Les gens sont pressés de se marier et de faire des enfants. Mais au fond, ils ne savent pas pour quel propos, ne se demandent pas quelle est leur mission ce faisant. Sans même en être conscient, l'enfant aussi a un rôle important dans le foyer. Combien de ménages arrivés au point de rupture se sont maintenus parce-que les parents ont privilégié l'intérêt de leurs enfants et se sont ressoudés plus forts qu'avant ? En retour, les enfants doivent énormément à leurs parents pour ce genre d'abnégation, ce sacrifice de leur égoïsme pour leur bien-être.

Il arrive qu'un mari en colère sorte à sa femme : "Prends tes affaires et retourne chez ta mère !" Mais dès que celle-ci s'avise de s'approcher des enfants, il n'est plus du tout d'accord. Et, souvent, la bagarre oublie ses raison initiales pour tourner exclusivement autour de "Mes enfants !" que jette chacun à l'autre. L'amour de leurs enfants les réunit autour du désormais unique argumentaire : lequel des deux parents est le plus le parent des enfants. Lorsque l'on a la chance d'avoir un enfant, toutes nos préoccupations changent d'objet. Où que l'on soit, on ne pense qu'à son enfant.

Les ancêtres sont partis depuis longtemps mais ils nous légué l'expérience. C'est à nous d'en profiter avec sagesse. Chaque parent souhaite pouvoir un jour être fier de son enfant et que son enfant serve la société. Seule l'éducation peut réaliser ces deux voeux. L'éducation est un impératif. Chaque croyant qui espère en Dieu dans ce monde et dans l'autre doit considérer l'éducatio de ses enfants comme une priorité absolue. L'enfant bien élevé sera aimé de tous et de Dieu. De par son éducation, il aura toutes les chances de son côté pour acuérir un rang social enviable. Beaucoup pensent maintenant que la réussite, c'est d'avoir beaucoup d'argent et de le distribuer ostensiblement pour s'asseoir une réputation de seigneur. Posséder de belles villas, de belles voitures, de beaux habits, crée une apparence trompeuse sans la retenue et la modestie. Cela est uniquement de la vanité, un péché abhorré entre tous par le Créateur. Même ceux qui profitent de cet argent et chantent les louanges attendues ne sont pas vraiment dupes. Dès que le vent tourne et qu'ils ne craignent plus d'être délaissés dans la distribution, ils montrent leurs vrais visages et s'en prennent aux réputations achetées. On doit juger la personne sur ses qualités de coeur et ses comportements sociaux. Aimer Dieu d'abord, les siens, son peuple et les autres et, encore et toujours, aimer Dieu et le craindre.

Être large d'esprit et tolérant, c'est aimer les autres. Aimer les autres, c'est s'aimer soi-même. Alors, l'on avance dans la vie la tête légère et le coeur léger. Et tout ce que l'on désire dans ce monde et dans l'autre est à notre portée. Lorsque dans une famille d dix enfants, un des enfants devient riche, c'est sa chance, c'est vrai, mais c'est aussi la chance de toute cette famille que le Tout-Puissant a fait passer par lui. S'il sait partager et donner aux pauvres en étant exempt de cupidité et d'ostentation, alors Dieu multipliera sa fortune. Sinon, Celui qui a donné reprend ce qu'Il a donné.

Je ne dis pas qu'un enfant mal éduqué n'aura jamais de fortune dans sa vie. Mais celle-ci lui sera donnée pour qu'il s'amende. Si sa fortune ne lui apporte pas la compassion et la sagesse, alors, il sera plus exposé à la ruine que la personne bien éduquée qui se tient à sa place et respecte les autres. L'éducation est la meilleure des amulettes. Parce-qu'elle nous est demandée par Dieu et lorsque l'on exécute les ordres de Dieu, l'on en tire immanquablement des récompenses. Il ne s'agit pas d'une amulette confectionnée par un quelconque marabout mais d'une amulette faite par Dieu lui-même. Cette amulette n'appartient à personne en particulier. Elle set à qui en veut. Lorsque Dieu donne une amulette, Il ouvre les portes du bonheur suprême à qui sait la mériter.

C'est toujours ce que l'on mérite que l'on obtient. Si l'on est bien éduqué, l'on aura le conjoint que l'on mérite. Et inversement.

L'éducation n'est pas une période dans la vie. Elle dure autant que la vie elle-même car l'on peut toujours s'améliorer. Nul n'atteint la perfection qui est l'apanage de Dieu. Lorsque la femme quitte la demeure de ses parents, elle a de nouvelles expériences à entamer, toujours dans le domaine de son éducation avant celle des enfants qu'elle aura. La sagesse wolof dit qu'en bon professeur est celui qui a été un bon élève. Cela glisse que la personne qui n'a pas reçu une bonne éducation de ses parents aura du mal à éduquer ses enfants car il lui manquera ce repère fondateur essentiel. Il ne faut pas que l'individu parte de chez ses parents en se disant qu'il est désormais libre de faire ce que bon lui semble. C'est une hérésie. Je le dis parce-que j'ai vu et puis témoigner de ce genre de situation inversée. Si tu as été bien entretenu et éduqué chez tes parents, de grâce, c'est dans la continuation de cette voie que se trouve ton salut.

Le foyer est traditionnellement le domaine de la femme. Le mari n'y a pas son mot à dire, lui qui va travailler à l'extérieur tous les jours et ignore la plupart de ce qui s'y passe. C'est la femme qui tient les rênes, commande la maison et les enfants. Ce n'est pas pour autant qu'elle doit se prendre pour un homme. L'homme peut effectuer certaines tâches qui incombent à la femme. La femme, elle, ne peut remplacer l'homme dans les travaux d'homme. L'homme, quelle que soit son importance, a une mère mais pas toujours un père. Parce-qu'il n'a pas été reconnu ou parce-que celui-ci est décédé avant sa naissance. La mère, elle, est toujours présente, ne serait-ce que pour mettre l'enfant au monde. L'homme connaît parfaitement l'importance de la femme parce-qu'il connait toujours l'importance de sa mère.

La femme a six parts dans la société. Elle est fille, puis mère elle-même. Elle est tante maternelle et tante paternelle. Elle est épouse et elle est aussi la soeur de son mari. Le mari foit la considérer comme sa femme mais aussi comme sa soeur car s'il y a des choses qu'il s'abstiendra de faire devant sa soeur par respect, comme jurer, fumer, insulter, il doit également s'abstenir de les faire devant sa femme par respect pour la soeur qu'elle est aussi.

La femme a une importance capitale dans la société. Une importance utile qui est même plus importante que celle de l'homme. Lorsqu'on parle aujourd'hui d'émancipation des femmes, c'est de l'ignorance parce-que c'est Dieu qui a émancipé la femme dans le Coran et dans la Sunna. Avant l'Islam, la femme n'avait pratiquement aucun droit et dépendait entièrement de la volonté et de l'indulgence de l'homme. Celles qui avaient la chance de tomber sur des hommes tolérants avaient beaucoup de chance car ce n'était pas toujours le cas pour l'immense majorité des femmes. L'Islam a défini les règles pour que le respect dû aux femmes soit appliqué par les hommes par decret divin.

La femme gère le foyer et les enfants. C'est un pouvoir autrement grand que celui de l'homme qui, lui, supervise. C'est à dire que tant que tout va bien, l'homme n'a rien à faire dans ces domaines essentiels at accroît encore plus, si possible, la confiance placée en sa femme. Symboliquement, le mari reste le propriétaire de la maison et le pourvoyeur de l'argent. Mais la comptabilité et la gestion sont entièrement entre les mains de la femme. Voilà, en dehors de ses responsabilités d'épouse, son rôle matrimonial. Elle n'a pas à se comparer à l'homme ni à se comporter en homme. Elle n'en a pas besoin. Son seul statut de femme lui confère un rôle pivotal dans la société. Il arrive que la femme ait des prérogatives plus importantes que celles de son mari dans son travail et ramène plus d'argent dans la besace de la famille. En aucun cas, cela ne doit changer le rapport d'aucune manière. Le couple s'est uni par amour et pour l'amour de Dieu. Si des considérations de supériorité financière entrent en jeu, la catastrophe n'est pas loin.

Il est grand temps de faire connaître aux jeunes la vérité sur ce point.

Dieu a créé l'homme et la femme chacun avec un sexe différent de celui de l'autre. Si, aujourd'hui, elles veulent faire ce que font les hommes, cela n'a aucun sens. Il faut accepter ce que Dieu a fait. C'est un acte de piété. C'est comme si l'on refusait le monde tel qu'il été créé, comme si nous nous refusions tels que nous sommes. Le monde évolue et j'en suis heureuse, le progès utile est toujours bienvenu. Mais l'homme reste l'homme et la femme reste la femme. Chacun doit arpenter son chemin comme Dieu l'a créé. Et si Dieu permet une union entre une femme riche et un homme modeste, cela ne doit pas nuire à l'entente du couple et à la bonne tenue du foyer sinon des événements néfastes peuvent en découler. Il faut que l'homme révêle du caractère et de la personnalité pour se faire respecter par sa femme et aimer tel qu'il est. Celle qui méprise son mari parce-qu'elle rapporte plus d'argent au foyer ne mérite pas son statut de femme, trahit son statut de femme et de mère. Si le monde était composé uniquement d'hommes ou uniquement de femmes, toutes ces subtilités dont nous ne nous passerions pour rien au monde n'auraient aucun lieu d'être. L'union de la femme et de l'homme est faite pour que l'homme et la femme se complétent. Voilà pourquoi il faut que l'homme se marie. Car s'il a une bonne situation, une belle maison et qu'il n'est pas marié, il n'est pas complet. Il sent qu'il lui manque sa moitié. Pareil pour la femme qui a accumulé tous les succès mais reste seule, sans époux.

Il est impératif que l'homme et la femme cherchent leurs conjoints dans dans leur entourage. Dès qu'il y a mariage, il y a confiance. Et, à l'instant où il y a confiance, le destin du foyer est confié à la femme.

Encore une fois, je répéte, les mariages d'intérêt n'existaient pas. Il arrivait naturellement qu'une jeune fille dont la famille était démunie soit mariée à un homme aisé pour améliorer leur sort à tous les deux dans l'amour et le respect de Dieu. Il ne s'agissait pas pour l'homme de déverser des tombereaux d'argent sur sa belle-famille mais de s'entendre avec sa femme pour assumer une progéniture et l'élever ensemble. La rapacité actuelle n'y vait aucune place. L'homme démuni pouvait pareillement être mis en rapport avec une jeune fille dont la famille était aisée pour une simple question d'équilibre. Si les conjoints se respectaient et ne laissait pas de place à l'aspect diabolique de l'argent dans leur relation, tout allait très bien. Mais c'était avant l'arrivée des fortunes insensées sortie de nulle part d'aujourd'hui. Aujourd'hui, du jour au lendemain, untel est multimilliardaire sans que personne ne sache exactement d'où lui vient sa fortune. Cette personne s'avère d'une arrogance inouïe, imbue d'elle-même à l'écoeurement, plus intéressée par de grandioses mariages à la publicité tapageuse que par les femmes qu'il épouse. C'est le règne du grand n'importe-quoi m'as-tu-vu. Je dis franchement que quand je vois ça, et c'est de plus en plus, je déplore le temps d'avant où les propres parents de cette personne auriaent pris des gourdins pour la mettre au pas et la rappeler au sens des convenances.

Autrefois, les ancêtres ne regardaient pas le poids matériel de telle ou telle famille, même si celle-ci était bien là. Ils regardaient les comportements de l'individu en société et sa piété. Si un mariage était conclu avec un partenaire riche, c'était ces qualités qui avaient primé dans le choix. La gloire des ancêtres étaient, pour chacun d'eux, de privilégier des rapports sains avec leurs pairs. Les parents de rejetons à marier insistaient beaucoup sur la qualité du comportement social de leurs enfants aussi bien que des futurs conjoints qu'ils souhaitaient pour leurs enfants. Si riche que soit la famille du prétendant, la dot ne s'élevait qu'au symbolique *ñentak tarañsu*, de quoi acheter les noix de kola pour les tuteurs des deux familles qui unissaient le couple. Il était libre à chacun de rajouter à cette somme ce qu'il voulait s'il le pouvait. Les dots généreuses s'élevaient à 1500 francs. Actuellement, les dots se montent à des millions qui ne produisent que du vent car il était plus utile d'aider les nombreuses personnes en dénuement total plutôt que de les insulter par cet indécent étalage tandis-qu'à lépoque, avec 1500 francs, on pouvait s'acheter une maison.

Autrefois, la grande majorité des personnes était bien éduquée. Je peux parier que sur dix jeunes filles, au moins neuf avaient toutes leurs chances de se marier. Parce-qu'elles étaient bien éduquées. Et l'on taquinait les mères qui n'éduquaient pas leurs filles en leur disant qu'elles étaent en train de gaspiller 1500 francs.

Dans le choix des futurs, seules comptaient les connaissances qui, souvent, se transformaient en parenté convenue. Bien sûr, l'argent existait. Mais il était considéré come un simple moyen d'améliorer l'ordinaire. Voyez-vous, le monde, en fait, n'a jamais changé et ne changera jamais. Les personnes changent. Souvent en bien, parfois en moins bien. Même si les personnes évoluent intellectuellement et matériellement, rien ne change : ils doivent se ressourcer pour être à la hauteur de ce qu'elles sont fondamentalement. Un proverbe wolof dit que sur le chemin d'un ancien cours d'eau, les traces subsistent. On n'a jamais vu des hommes encourager leurs filles à aller vivre en concubinage. Cela existe peut-être ailleurs mais pas au Sénégal, ce pays dont la religion est le ferment.

Lorsque la fille était en âge de se marier, , à moins qu'elle ne trouve elle-même l'homme de son choix correspondant aux voeux de ses parents, ceux-ci lui cherchaient un homme de droiture et de piété. Après rencontre entre les autorités des deux parties (parents aussi aussi oncles et notables des deux familles), tout le monde est heureux car un pas important dans la vie de deux personnes qui leur sont chères vient d'être heureusement franchi. C'est ce que souhaitent chaque homme et chaque femme pour ses enfants.

Le mariage existe depuis des temps immémoriaux. Il est l'apothéose de la première partie de la vie. On doit tout faire pour le préserver. Si nous voulons avoir de bons enfants et bien les éduquer, il est indispensable, évidemment, que les mariages s'appuient sur des fondements solides. Il faut savoir accepter de faire des sacrifices des deux côtés. Si les jeunes ont des problèmes, perdent leur équilibre, il ne faut pas se cacher que c'est dû en grande partie à la fragilité des foyers.

Le mariage est la base de la société. Parce-que les enfants naissent de cette union. Les enfants sont les futurs dirigeants des nations. Ils sont l'espoir de tous les peuples du monde. S'il leur manque l'équilibre nécessaire à pointer et décider, cela ne rend pas optimiste.

Il n'y a pas de différence d'âge dans le mariage. Qu'il y ait un écart, si grand soit-il, si les parents sont d'accord et que les promis s'acceptent, celui-ci ne doit avoir aucune incidence dès lors que les deux parties s'acceptent en connaissance de cause. Je parle souvent de conserver nos traditions mais j'insiste sur le fait que le mariage est le contart primordial qu'un homme et un femme puissent faire.

Les jeunes veulent se marier, filles et garçons. Mais ils sont en perte de repère et n'ont plus d'appui, plus personne à qui demander conseil sur les sujets importants lorsqu'ils finissent -toujours- par pointer leur nez. Les adultes doivent recommencer à les aider, apprendre à leur pardonner leur insolence et leur ignorance qui en est cause. Nul ne peut se réveiller un jour et décréter qu'il va se marier. Ce n'est pas une décison que l'on peut prendre à la légère, à l'égoïste. Chaque homme et chaque femme savent qu'ils sont issues d'un mariage dans l'écrasante majorité des cas. Quand vient le temps, à leur tour, ils veulent se marier pour procréer et rendre service à la société. Ils souhaitent qu'à leur tour, leurs enfants soient utiles à la société dans laquelle ils vivent. Parce-qu'on nul ne veut avoir son enfant et prétendre qu'il lui appartient à lui tout seul. Chaque parent souhaite que son enfant soit meilleur que lui, accomplisse plus que lui. Donc, nous devons faire beaucoup de sacrifices et d'efforts pour préserver nos foyers ces nids qui les rassurent et les équilibrent, et aider nos enfants. Si un sondage était fait en ce moment même, l'extrême majorité des jeunes déclareraient vouloir se marier plus tard, si ce n'est carrément tous. Je pense donc qu'il faut les aider sans trop nous attarder sur leurs travers du temps dûs à une accélération sans précédent des changements dans les moeurs qui leur sont injectées à trop fortes doses depuis l'Occident. Nous avons l'expérience et l'amour d'eux. Une personne détentrice de connaissance et qui n'enseigne pas sa connaissance est comme un puits qui produirait une eau non potable et non utilisable pour ausun usage. Un zéro pour la société. Être diplômé de l'enseignement occidental n'est pas automatiquement tout connaître de la vie.

Même si l'on enseigne beaucoup de choses à l'école occidentale, y compris à propos du mariage, c'est largement insuffisant car nous avons nos réalités qui nous sont propres et nos traditions. Combien existe-t'il de MST actuellement ? Incalculable. Et la plus grave, le sida. Ce sont des maladies qui n'existaient pas autrefois. C'est à cause du libertinage sexuel importé que nous voilà contraints d'assister, démunis, à la propagation de ces maladies qui sont le fléau du XXIème siècle. Les parents d'aujourd'hui ont tendance à se débarrasser de leurs filles dès que celles-ci trouvent un époux. Ce n'est certainement pas ainsi qu'il faut procéder. Une jeune fille mariée à dix-huit ans a plus que jamais besoin de l'assistance de sa mère. Que connaît-elle de la vie à cet âge ?

Il faut aider les enfants. Ce sont les parents qui on été négligents, n'ont pas été à la hauteur mais les enfants, même si par fierté stupide et butée refusent de demander, veulent être aidés, guidés, et de préférence par leurs parents même si l'aide de tout adulte d'expérience et de bonne volonté est bienvenue. Lorsque ta fille est mariée, maman moderne, elle a besoin de ton suivi pour y arriver, au moins plus rapidement et plus aisément, en se sentant sécure.

Les enfants ne sont pas exempts de torts, oh que non. Mais ils ont un droit automatique au pardon. C'est pour cela qu'ils sont des enfants, des êtres imparfaits à améliorer.

Ils disent à leurs parents de ne pas intervenir dans leurs couples. C'est extrême, mais lorsqu'il y a un problème qu'il ne peut résoudre, l'ingrat revient toujours chez les parents. S'il avait réfléchi avant de les chasser, il aurait probablement évité le conflit qui empoisonne sa vie de couple ou, tout au moins, l'aurait vu régler plus rapidemment, avant qu'il n'atteigne des proportions qui l'embarrassent et le peinent.

Il faut éclairer les jeunes, avec beaucoup de patience, jusqu'à ce qu'ils sachent distinguer l'ombre de la lumière dans leurs couples. Et après. Malgré leurs impudences nouvelles, en prenant de l'âge, ils seront heureux de transmettre à leurs enfants ce que vous leur avez transmis. Et, pour eux, si aucun changement bénéfique n'arrête la vague de n'importe-quoi, ce sera beaucoup plus dur. Il faut pardonner leurs errements à nos enfants et les aider inconditionnellement même si c'est parfois très dur. Il faut les aider parce-qu'on les aime et cela suffit.

Les jeunes femmes d'aujourd'hui doivent être conscientes que, pour certaines d'entre elles, leurs maris passent leur temps à les tromper parce-que les hommes étaient habitués à avoir plusieurs épouses et que la nouvelle société le permet de moins en moins. Cela ne doit pas les amener à conclure hâtivement qu'une fille qui garde sa virginité pour son futur mari et une qui l'offre au premier venu sont finalement pareilles. Il y a une différence. L'homme épousera toujours la vierge plutôt que celles qu'il peut avoir hors mariage et, même si cela n'excuse pas l'homme qui trompe sa femme, il sait pour laquelle bat son coeur.

Il n'est pas bon pour un homme de décevoir les filles. Un homme qui fait souffrir les filles se verra toujours le payer un jour. Les filles ne doivent pas se laisser aller à croire que coucher avec un homme avant le mariage peut accélérer le mariage. Les hommes veulent tous épouser une fille vierge. Dans la vie, il faut s'aimer, se connaître, s'aimer et se faire respecter. Une fille qui s'offre à tous les hommes ne se respecte pas et nuit à l'image de marque des femmes. Il ne faut pas qu'elle se leurre parce-que dans la tradition, si une telle fille a la chance d'être désirée pour épouse, elle se sera malheureuse et humiliée car une femme n'a, fondamentalement, qu'un trésor dont elle peut se vanter la tête haute : sa virginité. Pour celles qui l'offrent sans réfléchir, ce sont les mêmes hommes qui en ont profité qui sont les premiers à s'en vanter auprès de leurs amis et a, ainsi, détruire les réputations. Les hommes sont ce qu'ils sont et les femmes sont des femmes. Même si elles ont tendance à être faibles avec les hommes, elles doivent apprendre à résister aux fausses promesses et, pour cela, écouter les conseils des personnes d'expérience et en tenir compte. Au bout du compte, seul Dieu préserve les femmes des pièges des hommes mais il est bon qu'elles soient conscientes des dangers et fassent leur possible pour les contourner. Un homme peut parfois s'abaisser aux pires mensonges pour obtenir ce qu'il désire d'une fille. Il est fréquent qu'ensuite, une fois parvenu à ses fins, il change de visage et l'abandonne comme une vieille chaussette. Il utilisera tous les subterfuges. Louer sa beauté et sa gentillesse et ses qualités uniques de femme à marier, l'accompagner régulièrement jusqu'à la porte de son lycée comme un camarade décent amoureux, lui faire des cadeaux... mais dès qu'il y a rapport, c'est terminé. La bête assouvie passe à autre chose et il ne reste à la fille sans conscience que les yeux pour pleurer. Autant l'homme avait été assidu, autant il fuira la fille désormais comme si elle était une maladie honteuse. Voilà pourquoi j'insiste sur la nécessité de dignité pour la femme. Il faut qu'elle se construise avec l'aide de sa mère et de ses tutrices et qu'elle prenne conscience de sa place dans la société.

Je voudrais que toutes les femmes prennent conscience de l'importance sociale de la femme et s'en imprègnent. Sans elles le monde n'aurait plus de sens et irait à reculons. Sans elles, pas de développement, et d'ailleurs pour quoi faire ? C'est la femme qui dirige la société en sous-main. C'est Ève qui a fait croquer le fruit défendu à Adam et non l'inverse. La femme est la source de la vie. C'est elle qui commande au foyer. Elle qui donne des ordres, qui décide de ce que tout le monde va manger. Sans la femme, plus de maisons princières, plus de voitures fringantes. Au plus haut niveau, avant de prendre une décision capitale, l'homme en discute d'abord avec sa douce moitié qui lui donne le courage d'aller remplir ses lourdes obligations. Plus que tout, la femme a un pouvoir extraordinaire dont, parfois, elle ne semble pas se rendre compte de la puissance : celui de dire non. Certes, cela ne protège pas du violeur ou de la brute épaisse qui sont des accidents mais, dans une situation normale qui est, somme toute, celle à laquelle, grace à Dieu, elle est le plus souvent confrontée, la femme peut dire non si elle n'est pas d'accord.

Pour être équilibrée, la femme a besoin d'un homme à son côté, quel que soit son rang social et ses qualités intellectuelles et plastiques. L'inverse est tout aussi valable pour l'homme.

Les anciens se mariaient pour le meilleur et pour le pire. Le mari considérait sa femme comme sa soeur également et la femme prenait soin de son mari aussi comme d'un frère. C'était des mariages qui réussissaient et duraient toute la vie. Ils n'étaient pas basés sur l'argent et le profit mais sur l'honneur et la religion. Un mariage devrait toujours être basé sur l'honneur et l'honnêteté et non sur l'argent et la cupidité : l'argent n'est pas éternel, l'honneur, si. La beauté aussi ne devrait pas être le critère principal d'un mariage puisqu'en prenant de l'âge, nous changeons, et pas souvent en notre faveur, femmes et hommes.

L'amour est important. C'est la manière dont nous le

concevons traditionnellement qui nous séparent des modèles occidentaux importés. Chez nous, avant, tes parents pouvaient te choisir un époux que tu n'avais même jamais vu de ta vie. Mais tes parents ne jouaient pas contre toi. Au contraire, ils défendaient tes intérêts. Ils choisissaient ton mari sur des critères qui te correspondent. Si bien qu'au fil de très peu de temps, tu tombais éperdûment amoureuse. Au lieu de mettre la charrue avant les boeufs comme c'est le cas à présent où tout est cul par dessus tête. La romance ne précédait pas le mariage mais était le fruit d'un apprentissage. Et les mariages, je répète, étaient réussis et pérennes.

De nos jours, les jeunes veulent bien faire, se marier et fonder famille. Mais puisque l'ère n'est plus à l'écoute des parents, ils sont déboussolés et font n'importe-quoi, tous repères perdus. Place au libertinage sexuel ! Il est nécessaire que les adultes fassent leur possible pour les canaliser. Ils ne savent pas ce qu'ils font puisqu'ils n'ont aucune expérience. Ils ont besoin, même s'ils n'en prennent souvent conscience que quand il est trop tard, d'être éveillés sur le mode de vie de nos ancêtres, sur leur héritage réel. On ne peut certainement pas tout leur apprendre, pour cela il aurait fallu s'y prendre plus tôt et avoir plus de temps mais on peut leur donner le maximum d'enseignement.

Le mariage n'est pas l'affaire de l'homme ou de la femme, il est l'affaire de la femme et de l'homme. Il y a dans le foyer deux personnes unies par le lien sacré du mariage. Deux personnes censées être moralement et intellectuellement prêtes. Chacune de ces deux personnes a ses tâches bien définies au sein du foyer; Si chacune s'acquitte des siennes, il n'y aura pas de problème et les enfants nés dans ce foyer seront utiles à la société. C'est *nit* (la personne, par opposition à l'homme, trop sexiste pour désigner à la fois la femme et... l'homme) qui se fait et se défait. Avec l'expérience des anciens comme une canne pour s'appuyer quand la marche devient difficile, il pourra apprendre à plus faire que défaire.

Les parents prématurément décédés, eux non plus, n'ont pas laissé leurs enfants sans défense. Ils sont les miroirs de leurs enfants en vie. Autrefois, quand l'enfant d'autrui vous était confié, on l'éduquait à la dure. Non par sadisme bien que cela pouvait y ressembler parfois, mais parce-qu'à lui, plus qu'à ses propres enfants, il importait d'inculquer une éducation impeccable, sans faille, pour répondre à l'honneur et la confiance que ses propres parents, craignant leur propre faiblesse vis à vis de leur rejeton, ont placé en vous pour les suppléer. De nos jours, un père de famille qui traiterait de la sorte un enfant qui lui a été confié se retrouverait vite derrière les barreaux et au ban de la société alors qu'il rendait service à la société et aux parents de l'enfant. Voilà pourquoi je lance un appel à tous les personnes adultes, qu'elles soient instruites de l'école française ou de l'enseignement coranique, pour qu'elles contribue à leur mesure à l'éducation des jeunes.

Le mariage n'est pas une formalité banale. Il faut l'encourager. Dans toutes les régions du monde, dans toutes les sociétés, les femmes et les hommes se marient. Toutes les religions recommandent le mariage et, parfois, l'imposent. Toutes ces cultures, si diverses, si éloignées, peuvent-elles s'être fourvoyées d'un bout à l'autre de la terre ?

Je recommande aussi aux jeunes, de leur côté, de prendre l'initiative d'aller discuter avec des adultes aussi souvent qu'ils le peuvent. Ils seront étonnés de tout ce qu'ils peuvent apprendre et, plus, du plaisir qu'ils y prendront. Car s'éduquer, c'est découvrir. Qu'est-ce qui est plus enchanteur que la découverte à répétition de choses nouvelles que les dépositaires sont peut-être encore plus heureux de transmettre à leurs cadets ? Il existe encore des personnes références. Ce n'est pas encore une civilisation disparue, une race éteinte. Profitez-en. Il y a à côté de vous, des encyclopédies vivantes, de grandes personnes d'une culture infinie qui sont prêtes à vous écouter, à vous conseiller, à vous guider. Les émissions radio et télé qui traitent de problèmes sentimentaux sont directement importées d'Europe. Elles ne sont pas encore adaptées à nos réalités et poussent les jeunes à adopter des comportements décalés et, de toute façon, inadaptés. Ils ont complétement perdu leurs références naturelles et n'accordent malheureusement pas toute l'attention qu'il faudrait aux personnes âgées monuments d'expérience, de sagesse et de simples histoires vraies qui font partie de l'héritage de nos jeunes. Si vous écoutez l'histoire du Sénégal racontée par les Français, croirez-vous que c'est eux qui vous diront la vérité sur vous ? Qu'ils vous ont envahi, dépossédés et acculturés pour que vous cessiez d'être vous-mêmes pour les singer ? Les anciens qui sont toujours là, eux, vous diront la vérité.

Quand il n'y avait ni radio ni télévision, tous les problèmes actuels n'existaient pas. Ce n'est pas un rejet des moyens nouveaux de communication qui constituent un progrés réel énorme. C'est juste qu'alors, les jeunes se confiaient aux adultes, qu'ill s'agisse de leurs parents, de leurs grands parents ou du voisin de l'âge de leurs parents ou grands parents et qu'ils appelaient "mon oncle" par déférence. Ceux-ci leur donnaient des avis adaptés à eux, des avis qu'il ne sert à rien de diffuser en bloc à sept millions de Sénégalais aux situations différentes, aux attentes différentes et aux besoins différents.

Les jeunes d'alors ne méprisaient pas les personnes âgées parce-qu'elles n'étaient pas allées à l'école occidentale. À présent, plutôt que de partir avec leurs trésors de connaissance sans légataires, les personnes d'expérence doivent surmonter la peur que leur inspirent légitimement les jeunes pour les convier, leur indiquer le chemin et leur transmettre leur héritage de la tradition. Chaque personne d'expérience peut organiser des causeries avec les jeunes dans son quartier. Il suffit qu'elle leur inspire confiance et les jeunes se confieront spontanément à elle avant d'aller faire à tâtons et faire n'importe-quoi. Des liens forts se renoueraient dès lors qu'ils verront qu'il ne s'agit pas de leur imposer des contraintes. Quand ils tirent à hue et à dia et ruent des quatre fers pour protéger leur sacro-sainte liberté à faire... des bêtises, c'est juste qu'ils sont perdus, les fesses entre deux chaises, l'Occident qui les attire comme la lumière un papillon et l'Afrique qu'ils sont fatigués d'avoir comme seul horizon. Il faut avoir pitié d'eux et savoir les prendre avec douceur. Ils ne savent rien même s'ils croient tout savoir. Ils ont besoin d'assistance et cette assistance commence par savoir les écouter. Inconscients de ce que c'est eux qui rejettent les adultes, ils s'estiment rejetés eux-mêmes, incompris.

Éduquer un enfant ne nécessite pas forcément d'être allé à l'école occidentale. Avant l'école occidentale, nos ancêtres se contentaient de l'école coranique et ils étaient des érudits réputés. Il faut remettre les pendules à l'heure sur une gravissime erreur que les jeunes font presque tout le temps maintenant : celui qui n'est pas allé à l'école occidentale ne sait rien. Mais la meilleure école, c'est la vie. La meilleure éducation vient de celui qui te montre ses propres erreurs et le chemin qu'il aurait dû emprunter pour les éviter. Voilà ce qu'est l'expérience qu'aucune université officielle ne te fournira. La meilleure université de toutes, c'est la vie. Si tu veux te prévenir des écueils qu'elle comporte, adresse-toi à l'expérience de ceux qui en ont déjà traversé une grande partie.

Dieu est le meilleur professeur. Quelle que soit le niveau d'instruction d'un individu, s'il lui manque l'éducation, il ne connait rien de la vie. L'éducation est la base de tout. On doit respecter son propre enfant, sa propre femme, et à plus forte raison l'inconnu dans la rue. Aujourd'hui, l'éducation n'existe quasiment plus. Comment veux-tu éduquer un enfant si tu n'as pas d'éducation toi-même ? Il faut savoir se fier aux guides spirituels. Dieu les a faits pour cela. Un guide doit être un sage pour diriger des sages. Il n'incombe pas à n'importe-qui de diriger une nation, une organisation, une maison. Lorsque cela arrive -parce-que cela arrive malheureusement- cela commence comme une plaisanterie et finit en une catastrophe. La jeunesse a besoin de bonnes références et de repères sûrs. La richesse d'un individu ne doit jamais être l'unique critère pour lui confier l'autorité. Parfois, il arrive que quelqu'un qui n'a pas pu recevoir de l'éducation soit élevé par la vie et ses épreuves et devienne irréprochable. Celui-là est un béni de Dieu. Mais ils ne sont pas légion. Un guide doit être large d'esprit, patient, endurant et bienveillant. Chez nous autres wolof, il est recommandé à ceux qui veulent acquérir des qualités d'humanité de fréquenter des gens bien pour qu'à force, ils déteignent sur eux. C'est d'ailleurs pourquoi on recommande aux personnes que nous aimons de choisir leurs fréquentations. Ou plutôt, qu'on recommandait car, à présent, à peine as-tu recommandé quelque chose à un jeune pour son bien qu'il le prend pour un ordre ou une intrusion dans ses affaires et s'en détourne. Mais c'est de curer ce comportement également qu'il s'agit ici.

Si tu es ouvert, patient, endurant et bienveillant, il ne te manque plus qu'un peu de chance pour satisfaire tes désirs. Mais lorsque vient la chance, ne change pas : n'oublie jamais de partager et refuse l'égoïsme que la fortune entraine avec elle. Voilà quel était le comportement-type de nos ancêtres. Tout cela n'existe plus parce-que les personnes ont succombé aux démons de l'individualisme. Le monde ne change pas, ce sont les personnes qui changent. Il est grand temps d'enfin changer vers l'utile pour tous, le profitable pour tous au lieu du profit et de la vanité.

Autrefois, les gens ne gagnaient pas beaucoup, c'est vrai que le coût de la vie n'était pas élevé. Actuellement les gens peuvent gagner des millions mais on ne le voit pas parce-que nous vivons désormais dans le monde du chacun pour soi. Nos ancêtres faisaient beaucoup de choses avec peu de moyens. Actuellement, des gens aux fortunes incalculables refusent de tendre la main à leurs proche famille dans le besoin. Est-ce que les gens méditent un peu sur l'au-delà ? On voit deux frères de même père et de même mère, l'un riche et l'autre besogneux. Et le riche qui contemple son frère pauvre et se réjouit de ses difficultés. Ce qui était inimaginable est devenu monnaie courante. Dieu nous montre pourtant les conséquences. Nous cessons d'aider les pauvres, nous récoltons la crise.

Pourquoi Dieu a-t'il décrété la zakat obligatoire et en a fait un des cinq piliers de l'Islam ? Pourquoi, à l'inverse, quelqu'un assiste-t'il aux funérailles de son propre père et dépense ostensiblement un argent fou pour le deuil lorsque tout le monde est présent pour le voir et que les griots chantent ses louanges à lui alors qu'il n'était jamais allé visiter son père à l'hôpital, sans même parler de lui acheter le moindre médicament ordonné par les médecins ? Ceci est pire qu'un crime. Pire que d'avoir tué son géniteur de ses propres mains. Parce-que si l'on a les moyens et que l'on refuse de tendre la main à un parent dans le besoin, qui est malade, qui a faim qui se trouve dans une situation financière embarrassante, en vérité, l'on est un criminel de la pire espèce. Parce-que celui qui n'a plus les moyens de s'entretenir perd plus que le boire et le manger. Il perd le respect des autres et son honneur avec. Lorsque quelqu'un devient riche et qu'il a un père et une mère, des frères et des soeurs, des grands parents, des oncles et des tantes, des cousines et des cousins, celui-là n'a pas le droit de considérer que sa fortune n'appartient qu'à lui. Cet argent est également à tous ceux précités. Il s'agit de ce qui est appelé *ribaa*, ce qui est dû à autrui, dans la tradition. Il existe plusieurs formes de ribaa, de cas où ce qui vous échoit comporte aussi ce qui échoit à d'autres et passe par vous. Ne pas respecter le ribaa est un péché grave. Au bon temps où le ribaa était scrupuleusement respecté, on partageait ses possessions même avec ses voisins, à plus forte raison ceux à qui vous lie le même sang. Les ancêtres, qui prévoyaient tout, étaient rarement surpris par un événement. Ils faisaient venir les filles des voisines pour assister la femme enceinte. Ces mêmes filles s'occupaient gracieusement de l'entretien de la maison pendant toute la durée de la partie difficile de la grossesse. Ainsi, au final, elles devenaient parties intégrantes de la famille. On voyait également des ménagères embauchées qui intégraient la maisonnée au point d'en devenir des membres à part entière. On ne jalousait pas les riches car ceux-ci faisaient noblement leur devoir dans la société. On jalousait les personnes au grand coeur. On priait Dieu pour qu'Il vous accorde la grâce de devenir comme elles.

La bonté est le miel de la société. Elle disparait à grande vitesse.

En cette approche de *tabaski*, fête du mouton, j'aimerais parler un peu de cette grande fête musulmane.

Dans la tradition africaine, il ya des coutumes précieuses dont j'espère qu'elles perdureront. Après avoir sacrifié le mouton, la colonne vertébrale avec toute la viande qui lui est attachée est envoyée à la grand'mère maternelle car l'enfant encore dans le ventre de sa mère niche à cet endroit. Par reconnaissance, cette partie du mouton est dévolue à la mère de la maitresse de maison pour la remercier. Il peut arriver que la mère habite chez sa fille, la maîtresse de maison. Même dans ce cas, cette partie qui lui revient lui est donnée. Généralement, en retour, la mère lui retourne le cadeau avec la recommandation de l'envoyer à sa soeur, à sa cousine ou même à la voisine qui a vu naître et grandir, considérée elle aussi comme une tante. Les parents du mari, ainsi que sa soeur, ont également droit à des morceaux choisis. Mais, contrairement à la mère de la femme, il n'y a pas d'obligation, c'est simplemenbt recommandé. Cependant, tout le monde respecte cette coutume aussi bien que pour la mère. Ce sont de beaux gestes à perpétuer.

Lorsqu'un homme trouvait son âme soeur, c'était à ses soeurs qu'il faisait part en premier de son désir de convoler. Ainsi, lorsque l'élue venait se présenter à ses futurs beaux-parents, elle était accueillie par ses futures belles-soeurs qui l'introduisaient auprès de leurs parents. La tradition faisait obligation de passer par les soeurs car si cela n'était pas fait, c'était un mauvais présage pour le mariage. Le futur marié ne pouvait pas annoncer lui-même à ses parents que sa future épouse allait venir leur présenter ses respects. Cela donnait aux soeurs une importance et un rang dans le futur foyer de leur frère. Ces bonnes choses d'autrefois n'existent presque plus aujourd'hui. C'est bien dommage.

Le monde est toujours le même monde. Il n'a en rien changé. Ce sont juste les personnes qui ont chamboulé tout ce qui était organisé de façon impeccable. Avant de changer, on devrait toujours se poser la question de savoir si ce changement va améliorer de l'état actuel ou constituer une rétrogradation. Lorsque l'on est témoin d'un déni, l'on se doit de le combattre de toutes ses forces, qui que l'on soit, pour le bien de la société.

Écouter et comprendre est meilleur que parler dit l'adage wolof. Entre ton fils qui t'achetait un beau bélier de tabaski et ta fille qui t'envoyait la plus belle part de son mouton, c'était le bonheur céleste pour la mère. La partie du mouton attachée à la colonne vertébrale n'est pas choisie par hasard. C'est un morceau noble très important. La tradition rapporte que lorsque Dieu l'a créée, Il n'y a mis que le meilleur du mouton. Lorsque le Coran nous est arrivé, il n'a pas touché aux bonnes coutumes de la tradition africaine. Ainsi, certaines coutumes antérieures au Coran ont été renforcées. Ainsi du *aada* qui a toujours existé. Ce sont les paroles des anciens transmises de génération en génération. Car les anciens étaient des sages. Et voilà pourquoi si l'on exclut les anciens des tracasseries quotidiennes, on n'a jamais fini d'en avoir. La parole d'un ancien ne se perd jamais. Les anciens ne nous ont pas laissé les mains vides. C'est nous qui, parfois, par orgueil ou légéreté, négligeons ces trésors de notre héritage. Un jeune peut grimper au sommet de l'arbre et ne rien voir tandisque l'ancien qui est resté au sol, lui, voit tout. Les jeunes doivent respecter et chérir les anciens. Surtout, ils doivent écouter leurs paroles pleines de bon sens sinon il pourrait en découler de funestes conséquences pour l'humanité. Un monde sans sagesse pour nous guider serait comme un laboratoire entre les mains d'apprentis sorciers dépourvus de raison. Jusque-là, on peut dire que cela peut encore aller mais si rien ne change dans le bon sens, la catastrophe n'est pas loin.

Il est encore temps de se libérer des pièges actuels de l'ignorance. Les adultes sont quasiment tous affligés et énervés par ce qu'ils voient tous les jours. La raison de leur irritation est qu'ils voient les choses se dégrader, qu'ils savent qu'ils peuvent y remédier mais toutes les portes leur sont claquées au nez. Ils ont les solutions entre leurs mains mais ils ont les mains liées. Ils n'osent même plus parler de crainte de la rengaine qu'ils connaissent bien : le monde évolue, vous êtes le passé, vous avez fait votre vie, laissez nous vivre la nôtre comme nous l'entendons, vous n'avez pas été à l'école occidentale, nous si... Tout ce qu'ils ont érigé est détruit. Retournons un peu à la tabaski, la tradition de la colonne vertébrale du mouton envoyée à la mère de l'épouse n'existe plus. C'était pourtant un belle action. Et désintéressée car avec ou sans, elle aurait fêté la tabaski comme tout le monde. Si toutes les traditions disparaissent, que va devenir le monde ?

Avant lorsqu'on préparait le déjeuner, on prévoyait la part des voyageurs qui pouvaient arriver avant l'heure du diner. Si à l'approche du diner ils n'y en arrivait aucun, cette part servait de collation aux enfants. On prévoyait aussi la part des voisins car l'odeur de notre cuisine pouvait pénétrer chez eux et leur donner l'envie de ce que l'on va manger. Alors, leur part leur était portée. Ce n'était pas une obligation mais on se sentait obligé de le faire. Au Sénégal, le voisin est sacré. En Islam aussi. Et les voisins ne mangeaient pas ce mets avec l'appréhension qu'il puisse être empoisonné ou contenir des potions ensorcelées. Les voisins étaient des personnes aussi décentes que vous, des gens bien sans arrière-pensées.

Aujourd'hui, personne n'ose plus sacrifier à ce rituel de bon voisinage de crainte d'être accusé de dieu sait quoi.

Tout avait un caractère sacré autrefois. On ne faisait pas ses actions pour étaler sa fortune en signifiant regardez-comme-je-suis-bien-généreux.

On agissait au nom de Dieu, le tout-puissant, pour renforcer nos liens. Simplement. C'était des leçons dignes qui nous avaient été transmises par nos anciens et que nous nous efforcions de transmettre pareillement à nos enfants. Il semble désormais que quelque chose se soit détraqué irrémédiablement dans le processus.

De nos jours, les jeunes qui ont des déboires sentimentaux préfèrent aller les confier à un inconnu à la radio ou à la télévision alors que les anciens sont là, disponibles. Et ses propres parents les apprennent ainsi et se demandent avec beaucoup de peine en quoi ils ont failli pour que leurs enfants leur tournent le dos. Bien sûr, ils n'ont rien à se reprocher. Ils sont simplement confrontés à une situation extrême que nul n'aurait pu prévoir, cette mondialisation rampante des esprits. Ils tentent désespérément de sauver ce qui peut l'être mais, parfois, autant vouloir vider l'océan avec une cuillère à café.

Quand on a un problème, on va se confier à ses parents, son oncle, sa tante, ses grands parents ou alors n'importe-quelle personne d'expérience de votre entourage. Aller exhiber ses problèmes personnels devant des millions d'auditeurs, c'est une honte, voilà ce que je pense. J'en suis à me demander à quoi sert tout ce que nos grands parents nous ont légué. C'est aberrant. Comment une personne jouissant de toutes ses facultés mentales peut-elle aller exposer en direct à la radio ses hontes, ses sentiments le plus personnelles et en appeler à l'aide, à travers les ondes, à des millions de parfaits inconnus ? Comment seulement peut-il s'imaginer que ces auditeurs puissent être un tant soit peu intéressés par ses malheurs autrement que par pur voyeurisme ?

Il est plus que temps de réveiller les esprits, de faire preuve de bon sens. Peut-être que notre faillite en tant que parents, d'une manière ou d'une autre, est l'insuffisance de culture traditionnelle et de culture religieuse chez nos enfants. Peut-être avons-nous fait preuve de laxisme en tolérant des petites fautes par ci par là jusqu'à en banaliser des grosses. Peu-être fallait-il les corriger dès les fautes que nous avons considérées mineures. Sans aller jusqu'à les brutaliser -bien que nous ayons été, nous, giflés et bastonnés et que nous ne nous en portons pas plus mal-peut-être aurions nous dû mettre plus d'énergie à leur faire distinguer le bien du mal. Malgré son âge, un enfant a la faculté de comprendre quand il lui est bien expliqué. Nous autres wolofs disons que les pleurs d'un enfant sont, à tout prendre, préférables à ceux d'un adulte. L'adulte pleure quand il est en détresse extrême, ce que personne ne souhaite. L'enfant pleure parce-qu'il regrette la bêtise qu'il vient de comprendre avoir faite.

Il est bien dommage que les parents actuels ne se préoccupent plus guère de l'éducation de leurs enfants. L'école n'a jamais remplacé les parents. Et le laxisme se paie cher quand à la table du mérite sont assis tous les enfants sauf le vôtre. Il ne faut pas croire que dès que l'enfant nait, on est libéré. Au contraire, c'est le début de la plus grande responsabilité de votre existence. Adulte, l'enfant sera le miroir de l'éducation qu'il aura reçue.

Avant d'envoyer les enfants à l'école occidentale, il est nécessaire de les encadrer à la maison et de les envoyer à l'école coranique dès qu'ils ont l'âge. L'école occidentale est devenue incontournable mais elle s'associe à l'école coranique et à la plus grande école de toutes, l'école de la vie. Elle seule est primordiale et l'école buissonière n'y existe pas. La politesse s'apprend tout petit à la maison. Il est bon de faire des études. Le Prophéte lui-même a recommandé d'aller chercher la connaissance jusqu'au bout du monde. Mais, en toute chose, il est bon de respecter une chronologie. Il faut toujours commencer par le commencement. Voici un exemple concret. Aussi bien à l'école occidentale qu'à l'école coranique, l'enseignement démarre par l'alphabet avant d'atteindre les combinaisons de lettres. Aucun ne commence jamais par dix mais toujours par un, deux, trois...

Tout le monde est instruit, école ou pas. Chacun sait quelque chose qu'un autre ne sait pas. Un individu n'est pas forcément instruit uniquement pour avoir fréquenté une école. On rencontre tout le temps des personnes qui n'ont fréquenté aucune école ayant pignon sur rue qui en connaissent plus que d'autres sur des sujets donnés. On dit qu'elles ont un don.

Seul le Coran est au-dessus de tout. C'est la première science que tout individu doit étudier. Comment, dans un pays musulman à quatre-vingt-quinze pour cent comme le Sénégal, peut-on permettre que les enfants soient envoyés à l'école occidentale seulement en marginalisant l'école coranique ? Autrefois, dans ma ville natale, les enfants subissaient des punitions corporelles pour les remettre dans le bon chemin lorsqu'ils négligeaient leur apprentissage du Coran. Cela donnait de très bons résultats. À Ndar et dans toutes les villes du Sénégal, les enfants connaissaient généralement le Coran par coeur à l'âge de douze ans. Je suis prête à donner des centaines d'exemples. Ils ne connaissaient pas l'école maternelle. Ils commençaient l'école coranique à la place. Ensuite, ils allaient à l'école occidentale et à l'école coranique en même temps. Leurs journées étaient bien remplies. Ils n'avaient pas à aller trainer comme des vagabonds pour les remplir. Avec un tel potentiel, comment pouvaient-ils ne pas réussir une vie digne ? Dieu merci, Ndar a conservé encore quelques unes des bonnes choses de la tradition.

Ces mêmes enfants, étaient aussi instruits dans les deux écoles et, plus tard, devenaient des "quelqu'un". Et par là, j'entends des "quelqu'un de bien". C'était des personnes auxquelles leur pays avait rendu service à travers l'éducation et qui, à leur tour, le lui rendaient bien. Ceux qui doivent donner la priorité à l'éducation islamique mais choisissent de la négliger, en général, le regrettent après. Le Coran est le guide de chaque musulman et celui qui n'a pas de guide est égaré. De ce fait, le Coran, même quand il n'est pas bien assimilé, est un garde-fou pour la personne. Parce-qu'il empêche de commettre des bêtises aux enfants et des catastrophes aux grands. Le Coran est la parole de Dieu et la lumière pour les croyants. Beaucoup de marabouts vénérés ont eux-mêmes fréquenté l'école occidentale, après et parallélement à l'école coranique, et y envoient également leurs propres enfants. Ils en sortent souvent avec des diplômes supérieurs pointus. Ils deviennent des docteurs du Coran et de brillants intellectuels. Mais jamais ils ne rejettent le Coran et la tradition.

Mon conseil à chaque parent est d'envoyer très tôt son enfant à l'école coranique au lieu du jardin d'enfants. Chaque individu doit avoir un minimum d'éducation religieuse. D'ailleurs, ceci est valable pour toutes les religions car aucune religion au monde n'enseigne l'immoralité.

Le respect mutuel entre les religions est nécessaire. Moi, pour ma part, je n'ai pas eu la chance d'être allée à aucune école, ni l'occidentale ni la coranique. Je connais tout juste quelques sourates pour m'acquitter de mes prières. Mais je connais l'école de la vie et je suis tout le temps en train d'apprendre. Tout ce que je suis en train de dicter, je l'ai appris dans ma vie au Sénégal. À part mon bref séjour à la Mecque pour le hadj, tout ce que je sais, je l'ai appris dans ce pays. Toutes les personnes prestigieuses du pays que j'ai connues, de nom ou en vrai, ont été à l'école coranique. Elles sont presque toutes originaires de Ndar. Ndar est reconnue dans le Sénégal pour être une ville d'érudition dans chaque école. Les doomundar commencent toujours par l'école coranique puis vont à l'école occidentale. Ils ne favorisent jamais la dernière au détriment de la première. Ndar est une ville d'intellectuels de l'école occidentale. Mais s'il était aujourd'hui organisé un concours coranique entre les villes du Sénégal, Ndar l'emporterait. Ou, en cas de malchance, pourrait être à la deuxième place mais en aucun cas en dessous. D'ailleurs, aujourd'hui, des concours coraniques existent entre pays et le Sénégal y est toujours bien côté. Et ce sont des enfants qui remportent tous les trophées.

Mon père était, à l'image des doomundar, un intellectuel à l'occidentale qui a fait ses études à l'École des Fils de Chefs, actuel lycée Ameth Fall, et un fervent traditionnaliste musulman. Ni moi ni aucun de mes frères et soeurs ne portons les prénoms de nos grands parents ou de nos oncles et tantes. Mon père nous a tous baptisés de noms de compagnons et de proches du Prophéte. Et pourtant, je n'ai connu ni l'école coranique ni l'école occidentale. Mais cela ne m'a pas empêchée de comprendre que le Coran est la voie du salut et l'école une voie dans ce monde. Je sais ce que sont les études et je sais à quoi servent les études. Je suis de tout coeur aux côtés de ceux qui font tout pour que leurs enfants soient instruits. Je connais aussi les bénéfices que mon pays peut tirer de l'instruction occidentale. Seulement, il ne faut pas se leurrer. Pour instruire, il y a un commencement. IL faut d'abord imprégner l'enfant du Coran car le Coran est un guide. Le Coran est la lumière pour ce ici-bas et pour l'au-delà. Ensuite seulement vient l'instruction occidentale qui, elle, est un guide pour ce monde uniquement.

Le Coran sert même à l'école occidentale parce-qu'avant

d'entrer en classe, on murmure "Bisimilai" pour se protéger et rendre productive l'instruction que l'on s'apprête à recevoir. Avant de faire quoi que ce soit, il faut penser à le faire précéder de Dieu. Il faut retourner d'où l'on vient lorsqu'on se trompe de chemin et qu'on s'égare. Dieu ne dit-Il pas Lui-même "Avant de te proclamer mon esclave, apprends à me connaître". Le Coran est l'instrument pour s'approcher de la conaissance de Dieu. Tous les problèmes que nous connaissons actuellement, les maladies nouvelles, les catastrophes dites naturelles qui n'ont rien de naturel, etc. découlent de la méconnaissance de Dieu. Le sida est un simple exemple parmi beaucoup d'autres. Nous, nous ne connaissons que le Sénégal même si nous avons toute l'Afrique en partage avec tous les Africains. C'est la terre de nos ancêtres mais c'est aussi notre terre à nous et la terre de nos descendants. Je crois qu'il est encore temps pour nous de nous ressaisir avant d'en arriver à l'irréparable.

Actuellement, c'est comme si nous n'avions plus de références. Il est vrai que le monde est devenu autre chose mais il reste encore à faire chez nous. Les anciens sont empêchés. On les traite de radoteurs et de malades. On leur intime de se taire. Il ne faut pas chercher plus loin la source de tous les problèmes que rencontrent les jeunes qui les rejettent. Eux ne demandent qu'à intervenir et être écoutés, au moins, parce-qu'ils ont été jeunes, personne ne nait vieux. Ils peuvent se mettre à la place des jeunes. Tout ce qu'ils savent leur a ét transmis par leurs anciens qu'ils écoutaient, que même ceux qui n'écoutaient pas, ont regretté et désirent éviter leurs erreurs à leurs jeunes. Seulement voilà, ils n'existent pas aux yeux de ceux-ci. Nous n'avons pas été préparés à l'intrusion occidentale. Leur école qui apprend de bonnes matières comme la science et les mathématiques à nos enfants leur apprend aussi à rejeter leurs valeurs pour celles de l'Occident. Mais est-ce que l'Occident les prévient qu'il ne veut pas d'eux chez lui autrement que comme balayeurs, serviteurs et pour d'autres tâches que ses enfants ne veulent plus faire ?

Les adultes savent beaucoup de choses utiles. Un adulte doit être à côté d'un enfant lorsqu'il apprend toutes les nouvelles choses qu'apprend un enfant. L'adulte est un garde-fou. Ce statut ne finit jamais, il peut seulement être ignoré par le bénéficiaire qu'est l'enfant devenu jeune homme ou jeune fille.

L'éducation traditionnelle africaine était scindée en deux parties parallèles. L'une se passait à la maison avec les parents. L'autre se passait dans la rue avec les adultes que tu rencontrais, que souvent tu ne connaissais même pas -ils n'avaient besoin d'aucune permission- qui t'inculquaient des leçons que tu n'apprenais pas à la maison. On nous apprenait à marcher correctement, à parler correctement et, fussions nous déjà de jeunes adultes, on nous corrigeait lorsque nous faillissions dans nos attitudes et dans notre comportement. Même pour s'asseoir, nous avions besoin de l'enseignement des adultes car la femme doit apprendre à s'asseoir correctement. Si une jeune fille prenait l'habitude de s'asseoir sans faire attention à ce que sa posture dévoilait de son corps, elle avait peu de chances d'être choisie par un homme car aucun homme ne veut courir le risque que sa femme se dévoile imprudemment devant ses pairs. Il y a maintenant beaucoup de jeunes filles qui ne semblent pas le savoir. Autrefois, il était obligatoire de le savoir très tôt dans le cadre d'une bonne éducation.

Même la manière de regarder s'apprenait. Parce-que la

femme et l'homme sont d'éternels compagnons. À l'exception de ceux qui sont liés par le sang de manière très proche -frères et soeurs par exemple- les fréquentations de première jeunesse peuvent devenir des couples dans le futur. La démarche ou le regard d'une jeune fille étaient souvent à l'origine de leur choix pour épouse par leur futur mari ou par leurs futurs beaux-parents. La démarche d'une femme devait être mesurée et son regard vers un homme pudique, voire craintif. On imposait aux filles leur comportement devant leur père, leurs oncles, leurs frères... avant de leur chercher un mari, bien être sûr que celle que l'on donne à marier n'aménera pas la honte dans la famille de ses parents en se comportant mal. Au fur et à mesure qu'elles grandissaient, on leur apprenait également à se comporter avec leur futur mari. Les mères enseignaient à leurs filles les secrets intimes du comportement conjugal. La jeune fille, future épouse, devait savoir comment se comporter pour charmer sans en avoir l'air tout en restant décente. Lorsque ton mari revenait du travail à midi, tu ne devais plus sortir de la chambre conjugale jusqu'à ce qu'il retourne travailler l'après-midi. Tu n'avais rien à dire, c'était comme ça. Dans ce laps de temps, il t'appartenait de t'organiser pour ne pas avoir de course urgente à effectuer ou d'amies à recevoir. Même si ta mère t'appelait, tu ne bougeais pas de votre chambre sans la permission de ton maari. De toute façon, la mère qui t'a inculqué ces enseignements ne t'en voulait certainement pas de les suivre à la lettre. Si des amis du mari se présentaient pendant cette période, il les recevait seul. L'épouse pouvait sortir un bref instant pour payer ses respects mais retournait aussitôt dans la chambre. C'était ainsi qu'on évitait d'éveiller la jalousie du mari car ce sont les regards qui occasionnent les problèmes. Le mari ne voulait pas nécessairement cela mais l'éducation l'imposait. Nous n'avions pas encore atteint ce degré de folie furieuse où les jeunes crachent sur tout et se détournent de leur essence.

Lorsque l'épouse allait, avec la permission de son mari, à une fête, baptême, mariage, à son retour, elle attendait que son mari soit rentré avant de se changer pour lui faire voir comment elle était habillée en allant à la fête. Là, cela n'avait rien à voir avec la jalousie. C'était pour qu'il s'assure que sa femme s'était bien mise en valeur, qu'elle s'était parée de ses plus beaux bijoux et qu'elle faisait partie des plus belles femmes de la fête. Parce-que la femme ne doit se faire belle que pour l'agrément son mari et c'est la fierté du mari que sa femme rayonne en public. Voila pourquoi l'adage dit : "Tous les soins que la femme s'autorise pour être belle sont licites". Mais elle ne doit être belle que pour son époux, autrement, cela devient illicite.

Avant, la femme évitait d'approcher du seuil de sa maison afin d'éviter de croiser le regard d'autres hommes. Aujourd'hui, on assiste à l'éclatement des moeurs. Le mari était sacré dans la tradition africaine. L'Islam même oblige la femme à se soumettre à son mari. Avant, dès que la jeune fille se mariait, ses parents perdaient tout droit sur elle. Voilà pourquoi les maris étaient choisis avec le plus grand soin, pour qu'une fois chez eux, les filles fussent en aussi bonnes mains qu'elles l'étaient chez leurs parents.

La femme, qui restait la plupart du temps dans sa maison, y était la patronne, la maîtresse de maison. C'est elle qui détenait le pouvoir. Et l'homme était satisfait de cette situation qui le déchargeait de l'éducation des enfants au quotidien. Aujourd'hui, les jeunes filles évoquent à tout bout de champ l'émancipation de la femme. C'est bien mal se connaître. La femme et l'homme se complétent harmonieusement parce-qu'ils ne sont pas égaux. C'est une hérésie de crier à l'émancipation de la femme. L'Islam a déjà émancipé la femme. Les traitements de la femme pré et post-islamiques sont très différents, dans toutes les sociétés musulmanes. À mon avis, les femmes qui réclament une émancipation ne font rien d'autre que se rabaisser car, ce qu'elles veulent en réalité, c'est acquérir toutes les caractéristiques d'un homme, c'est à dire cesser d'être des femmes.

Les hommes d'avant n'avaient aucune conscience de la grandeur de la femme puisqu'ils n'avaient aucune conscience de leur propre grandeur. Lorsque Dieu a envoyé son dernier prophéte, Mouhamed paix sur Lui, il a corrigé le déséquilibre qui existait. C'est la femme qui ne veut pas voir combien est élevée sa place de femme mais Dieu l'a consacrée. Le Tout-Puissant a même révélé une sourate célébrant la femme. Que veulent les femmes d'aujourd'hui ? Devenir des hommes ? J'espère bien que non car si tel était le cas, il n'y aurait plus ni mariage ni enfants et ce serait tout simplement la fin de l'existence. La femme est la mère de tout individu, homme ou femme. C'est la femme qui porte l'enfant dans son ventre pendant neuf mois, qui est en contact permanent avec son l'enfant neuf mois durant pendant que l'homme vaque à d'autres occupations bien moins contraignantes. Mais la femme à elle seule ne peut donner la vie sans son complément naturel, l'homme. Il s'agit donc de raisonner. La femme qui raisonne sait que la femme détient un pouvoir bien supérieur à celui de l'homme. Un pouvoir qui ne se perçoit pas de la même manière que celui de l'homme parce-que nous ne sommes pas des hommes. L'admettre n'est pas admettre que l'homme nous est supérieur mais que nous sommes différents des hommes. C'est la femme qui,seule, ressent les douleurs de l'enfantement et Dieu l'a choisie pour cette souffrance qu'elle endure plusieurs fois dans sa vie parce-que Lui sait que la femme est émotionnellement plus forte que l'homme. Préféreriez-vous, femmes, ne pas avoir à le miracle de l'enfantement et pouvoir, à la place porter des charges très lourdes et aller faire la guerre ? En plus du pouvoir unique de maternité, incomparable à aucun autre, c'est la femme qui est derrière toute grande décision dans la marche du monde car l'homme qui doit prendre une décision importante consulte d'abord son épouse car, sinon, il est sûr d'aller à l'échec. Et lorsque l'homme sort vainqueur d'une compétition, c'est à sa femme qu'il remet le trophée. Sans la femme, le travail de l'homme n'a aucun sens car l'homme ne travaille pas pour lui-même mais pour sa famille.

Les femmes musulmanes doivent prendre exemple sur Soxna Xadijatu, épouse du prophéte Mouhamed paix sur Lui. Cette femme admirable a tout donné à son mari. Elle était riche et a sacrifié ses biens pour sa religion et son prophéte et s'est donnée en mariage au plus illustre des hommes.

Nos ancêtres aussi étaient de beaux exemples à suivre. Si l'on ne sait pas où l'on va, retournons donc en arrière pour mieux préparer l'avenir. Nos ancêtres ne connaissaient aucune école mais ils étaient braves et réfléchis. Ils ordonnaient le bien et combattaient le mal. Ils étaient des éducateurs agrégés ès morale de l'université de la Vie, celle qui ouvre ses portes à tout le monde. Leurs connaissances étaient grandes. En ces époques sans avions ni Mercedes, ils côtoyaient énormément de personnes d'horizons très divers. Ils recevaient et fréquentaient leurs pairs de lointaines contrées et tout le monde avait sa place chez eux. Tous s'entendaient parfaitement parce-que chacun respectait les autres avec leurs différences. Les griots et les forgerons étaient d'abord des travailleurs qui excellaient dans leurs fonctions, la musique et le chant, l'orfèvrerie et le travail des métaux. Les **buur**, rois, eux-mêmes, n'avaient rien à voir avec les souverains occidentaux de châteaux-forts ayant droit de vie ou de mort. Les nôtres avaient des conseillers disposant de réels contre-pouvoirs dont la charge était de les modérer et, le cas échéant, de les destituer.

Les castes existaient mais leurs membres étaient respectés. Lors d'une fête, que les gens de caste fussent présents ou non, ils avaient toujours leur part. Parce-que le tradition l'exigeait et tout le monde l'acceptait. La qualité d'être humain précédait l'appartenance à une caste.

Nous, wolof, disons qu'on ne peut éduquer sans être soi-même éduqué. Cela va de soi. À propos du manque d'éducation des jeunes d'aujourd'hui, les responsabilités sont partagées. Les jeunes n'écoutent pas les grandes personnes qui ont de l'expérience et, la plupart du temps, ne demandent qu'à la partager avec eux. La responsabilité des grandes personnes, c'est leur manque d'autorité, leur démission face à cet état de fait.

Pour éduquer une jeune fille, il y avait trois impératifs :

-contrôler son langage pour qu'elle sache bien parler, que ce qu'elle avait à dire en public soit utile et exprimé avec retenue

-contrôler son habillement de manière à ce qu'elle fût toujours dans une tenue irréprochable, décente, même en haillons

-contrôler ses sorties, toujours savoir où elle allait, ne l'autoriser à sortir que lorsque c'était nécessaire, utile

Une femme se devait d'être tolérante et de savoir garder sa bonne humeur. Cela ne voulait pas dire être bête ou se laisser marcher sur les pieds mais savoir être ferme quand il fallait et souple le reste du temps.

Aujourd'hui, les mères sont embarrassées pour aborder certains sujets avec leurs filles au point de ne pouvoir les conseiller sur leurs comportements. Les filles sont gênées quand elles doivent parler à leur mèrer de ces mêmes sujets. À mon avis, c'est inadmissible. Parce-que c'est la mère qui doit éduquer sa fille et quand la fille a des problèmes, c'est à sa mère qu'elle doi s'adresser en priorité, en exclusivité. Avant, la mère intégrait dans l'éducation de sa fille une parcelle de complicité mère et fille préservée de tous les garçons de la famille, père compris, qui concernait les aspects spécifiques propres aux filles. Aucune n'était embarrassée car chacune savait le rôle de l'autre lorsque ces moments viendraient.

En ce temps, les hommes, depuis leurs lieux de travail, ne pensaient qu'à finir du mieux possible leurs tâches de la journée pour mieux justifier leur plaisir à rentrer chez eux. En réalité, ils étaient même si pressés de retrouver leurs épouses qu'ils mettaient les bouchées doubles pour finir avant l'heure. Mais c'était là des choses qu'ils confiaient à leurs bien-aimées dans le secret de leur intimité.

L'homme a l'apparence de la force dont Dieu lui a fait présent pour qu'il soit valorisé auprès de ses camarades. Mais la vraie force est à la femme qui, elle, n'avait pas besoin de l'étaler : elle le savait puisque, dans l'intimité, l'homme le lui démontrait tout le temps. Voilà pourquoi chacune des parties respectait l'autre. Les deux moitiés savaient la réalité de la nécessité de chaque. Le reste était juste un simple jeu de société qui n'occasionnait jamais de dégât puisque les deux parties étaient d'accord pour en respecter les règles. Ainsi, avant, les hommes avaient encore plus fort leur réputation d'homme, de force et d'autorité sans qu'aucune femme ne songe à les égratiner. C'était cela, le couple homme-femme. C'était cela l'amour avant que le stress moderne vienne tout chambouler et mettre les cartes à l'envers.

Aujourd'hui, si on a pas un prétendant qui dépose *alfa junne* (un million de francs CFA) dans la corbeille, on se sent diminuée. Je comprends dès lors que des mères et leurs filles ne puissent plus se parler des choses fondamentales pour la jeune fille, toutes les prémisses ont été faussées dès lors que les règles du mariage ont été tronquées.

Chaque membre de la famille avait un rôle à jouer dans l'éducation de l'enfant, père et mère, bien sûr, mais aussi oncles et tantes, grands parents des deux côtés, amis, voisins, frères et soeurs aînés. On considérait que la petite enfance s'arrêtait vers douze ans. Une surveillance accrue s'exerçait autour de lui à partir de là. Car l'âge critique pour un garçon se situait entre douze et seize ans. Si l'enfant n'était pas suffisamment éduqué à seize ans pour gagner la confiance de ses parents, qu'on puisse lui lâcher la bride sur le cou, c'était signe que la suite serait ardue. La fille, dans le même cas de figure, à seize ans, était déjà bien plus adulte mentalement, moralement et, surtout, physiquement. Elle ne pouvait plus se permettre aucun écart notable puisqu'elle était déjà prête au mariage.

Dès la parution des premières menstrues, la mère notait la date. De la sorte, lorsque la date revenait, elle pouvait poser des questions à sa fille pour savoir s'il y avait un problème. Pour une enfant bien éduquée de cette époque bénie, un problème, c'était simplement un retard dû à un blocage -il ne faut pas oublier qu'elle n'est pas alors physiquement habituée au phénomène de ses règles.

Dès la première manifestation du passage de l'état d'enfant à celui de jeune fille, elle devait commencer à porter un *musoor*, foulard de tête. Si, à dix-huit ans, elle n'était pas encore mariée, l'éducation continuait en cherchant à l'améliorer encore plus si c'était possible, sans toutefois perdre de vue que les mariages étaient d'abord décidés par Dieu. Si, par bonheur, elle avait trouvé un époux, le jebbale, dont j'ai déjà parlé, était le clou de la cérémonie du mariage. C'était crucial car les jeunes filles, sensibles à cette tradition ancestrale très émouvante et sachant qu'elles devaient par là, s'abstenaient de se laisser aller à des bêtises qui les priveraient de cette consécration unique.

Je n'ai jamais été à l'école mais je connais bien l'école de la vie. L'expérience m'a montré que ceux qui n'ont eu que la vie pour école détiennet des trésors de sagesse et de connaissances. Parce-qu'ils n'ont pas droit aux récompenses scolaires et ne peuvent rassurer les adultes par leurs notes et leur assiduité, ils observent beaucoup plus, se mettent en quatre beaucoup plus pour arriver à niveau avec leurs camarades scolarisés. La peur de n'être pas un jour à la hauteur décuple leur désir de comprendre ce que les autres apprennent en classe et d'être à leur hauteur.

Aujourd'hui, juste après la cérémonie du mariage, les nouveaux mariés ont tendance à se précipiter dans un hôtel prestigieux. Mais ce n'est pas ainsi que cela doit se passer. Nous avons des coutumes. Le mari emmène sa femme chez lui ou chez ses parents s'il n'est pas encore lui-même installé. Mais plus aucun adulte n'ose le rappeler aux jeunes filles d'aujourd'hui de peur de la réaction violente de rejet. Les jeunes d'aujourd'hui sont devenues leurs propres parents et c'est désormais à leurs pères et mères à se plier à leurs exigences. Bien sûr, quand il sera trop tard, quand leurs propres enfants agiront pareillement avec eux, ils s'en mordront amèrement les doigts mais, justement, il sera trop tard.

Je ne le répéterai jamais suffisamment : il faut retourner à nos traditions en y introduisant les bons apports d'ailleurs et non pas adopter en vrac tout ce qui vient d'Occident et enterrer nos traditions. En vérité, je vous le dis bien clair et fort : rien de bon ne sortira jamais de cette option.

Après la cérémonie du mariage, le mari pouvait "emprunter" -c'est ainsi qu'on disait- son épouse pour pour la nuit mais celle-ci était tenue de revenir chez ses parents dès le lendemain car sa mère avait à lui confier les secrets traditionnels concernant l'essentiel de la bonne tenue d'un ménage. Autrefois, la chambre de la mariée était préparée avant le mariage. Après la cérémonie religieuse avait lieu celle de la "rentrée en chambre conjugale" qui se faisait en grandes pompes. À l'exception des petits enfants qui n'y comprenaient pas grand chose, tout le monde savaitce qui allait s'y passer. Particulièrement les amies de la mariée. Pourquoi était-ce ainsi fait ? Parce-que en ces temps, les jeunes hommes ne connaissaient pas plus que les jeunes filles l'intimité du couple. Il fallait donc leur apprendre les comportements. Auparavant, dès le mariage fixé, les hommes allaient visiter leurs ndijaai, oncles maternels, pour recueillir des conseils quant à la manière de s'y prendre. C'était une éducation. Les jeunes filles aussi recevaient des conseils mais elles avaient commencé à en recevoir déjà depuis bien avant le mariage. Il faut se rappeler que les nouveaux mariés ne se connaissaient pas nécessairement. Il y avait une grande appréhension de part et d'autre. L'homme avait peur de na pas être à la hauteur. La femme avait peur de décevoir. C'était loin d'être évident pour deux parfaits inconnus l'un à l'autre, n'ayant ni l'un et ni l'autre aucune idée de la manière de s'y prendre. Pour chacun, les conseils étaient indispensables.

Le lendemain, après que les époux avaient passé leur première nuit ensemble, le linge tâché du sang nuptial était montré à l'assistance et les griots entamaient leurs plus beaux chants en l'honneur de la jeune mariée bien sûr mais surtout, en l'honneur de sa mère. Puis le mari se retirait pour rejoindre ses amis dans une autre pièce tandis-que la femme, restée au lit, recevait ses amies. Tous les deux étaient assaillis de questions, d'abors angoissées, qui viraient vite aux plaisanteries une fois tout monde rassuré.

À l'épouse, ses copines : "Comment te sens-tu ?", "Il ne t'a pas fait mal ?", "Qu'as-tu ressenti ?"... Au mari, ses amis : "As-tu commis une maladresse ?", "As-tu été doux ?", "Lui as-tu fait peur ?"...

Ainsi, les maladies d'aujourd'hui n'avaient aucune fissure par où se glisser dans nos sociétés. C'est par cette coutume que tous nos ancêtres étaient passés. Ces pratiques subsistent toujours dans certaines bonnes familles farouchement attachées à la tradition. Pour cela, il n'est pas nécessaire de rejeter la modernité. Ce sont les bonnes modernités qui ont toujours fait les vieilles traditions. J'ai personnellement eu à connaître de jeunes filles devenues moins que rien après leurs mariages uniquement parce-qu'elles n'étaient pas préparées. Elles n'avaient pas reçu l'éducation qu'il fallait ni les informations primordiales nécessaires pour affronter la vie conjugale. L'information de la jeune fille qui va se marier par sa mère est capitale. Il lui faut savoir exactement quel comportement adopter. Le danger du manque d'information est bien loin d'être négligeable. Lorsque vous donnez à marier votre fille sans qu'elle dispose de la moindre information pour ce passage si différent de tout ce qu'elle a connu jusque-là, vous la jetez aux lions. D'ange d'innocence, elle peut se retrouver du jour au lendemain complétement pervertie. Voyez cet exemple : Imaginons que je sois la première personne de ma génération à avoir emprunté un chemin obligé mais peu sûr et à en être sortie indemne. Si une autre personne de ma génération doit emprunter le même chemin, ne doit-elle pas s'adresser à moi pour recevoir des conseils sur ses chances d'en revenir ?

De mon côté, j'ai l'obligation de lui expliquer comment éviter les mauvaises rencontres et les pièges que j'ai moi-même évités. Je n'y ai aucun mérite puisque je ne fais que transmettre ce qui m'a été transmis par la génération qui m'a précédée. Ce que je fais pour elle, quelqu'un l'a fait pour moi. Le but, c'est que la chaine ne s'interrompe pas et que tous nos enfants et leurs enfants en profitent. Voila à quoi sert la tradition. Elle ne se bat pas contre le progrés, c'est une très mauvaise interprétation. Elle protège et préserve.

Lorsque l'on entreprend quelque chose d'aussi contraignant que le mariage, on le fait, certes, avec assurance mais aussi avec raison. Une nouvelle mariée se doit de scrupuleusement suivre les conseils de sa mère. Parce-que la mère est le miroir de la fille. Si des gens bien sont venus demander la main d'une jeune fille, c'est parce-qu'ils ont pris le temps d'observer et parce-que ce qu'ils ont vu les a satisfaits. De fait, si l'on fait abstraction du devoir conjugal, le mariage se fait entre la belle-mère et le gendre. J'aimerais que les filles d'aujourd'hui fassent très attention à ce que je leur dis dans cette contribution malgré son extrême modestie.

Autrefois, les critères du mariage étaient stricts. Pour choisir une épouse, on se basait sur le ménage de sa mère. De nos jours, tout est fait dans la précipitation. Sans se renseigner sur les familles, sans préparation. C'est le chaos total, comme chaque fois qu'on est si pressé d'arriver au résultat qu'on saute les étapes.

Si tu ne sais plus où tu vas, retourne d'où tu viens.

Voir ce que tes ancêtres t'ont légué. Nos comportements, comme nos terres, nous ont été légués par nos ancêtres; mais aujourd'hui que l'égoïsme régne en maitre absolu, le matériel est devenu l'essence et la quintessence. Les comportements de dignité et d'appréciation de soi sont jetés aux orties pour faire place à l'individualisme. Parfois je me demande pourquoi tout ceci me tient tellement à coeur et m'attriste. Je suis assez lucide pour savoir que je ne vivrai pas suffisamment pour voir les jeunes enfin intégrer leur héritage africain dans la modernité. Puis je me rends compte que ce n'est pas pour moi en effet. Je veux que mes enfants et mes petits-enfanst et leurs enfants s'épanouissent dans un monde où ils se rendront compte qu'ils peuvent parfaitement vivre dans la modernité tout en puisant dans les ressources de leur culture, qu'ils peuvent apporter leur personnalité africaine authentique à la table de la mondialisation. Peut-être seront ils surpris de voir que c'est vers eux que l'Occident envahissant se tournera pour se retrouver lorsque les nouvelles catastrophes qui vont avec elle mettront le monde à genoux.

Il faut, certes, aller à l'école occidentale puisqu'aussi bien, nous ne pouvons plus la répudier. Mais l'école n'est pas l'unique moyen d'éduquer. La terre entière est une école. L'école occidentale ne t'apprend pas comment parler à la maison, comment te comporter devant ta mère ou ton père, devant tes frères et soeurs, quel langage bien déterminé adopter avec chacun.

Aujourd'hui, il devient difficile de de savoir exactement qui est doomundar. C'était facile avant. Ils avaient des comportements qui leur étaient propres parce-qu'ils leur avaient été inculqués par leurs parents qui étaient presque interchangeables. Pourquoi deviennent-ils moins aisés à distinguer ? Mais parce-que l'uniformisation est en train de gommer petit à petit les spécificités. Au lieu de *ceebujen*, *maafe*, *yaasa*, *sulluxu*, *daxin*, *ceebujaxato*, *domodaa*, chacun selon son choix, maintenant tout le monde reçoit à chaque repas le même *soombi* uniforme.

Il faut donner aux anciens la chance de nous donner un peu

de leur expérience. Il faut retourner aux sources et s'abreuver longuement. L'éducation n'est pas savoir lire et écrire seulement. C'est savoir analyser, comprendre et agir à bon escient. Il y a de bonnes choses dans la tradition africaine. Prenez-les en considération tant que vous êtes jeunes, vous en aurez besoin.

Je vais dire un mot aux jeunes hommes. Ils doivent faire attention. Ce n'est pas parce-qu'on est grands et forts que l'on doit agir à sa seule guise sans réfléchir. Souvent la punition arrive là où elle n'était pas attendue, et lorsqu'il n'y a plus rien à faire. Un homme qui court les jupons peut, à quarante ans à peine, se trouver incapacité. Les constitutions physiques ne sont pas les mêmes et, là, encore une fois, la force est du côté de la femme. Les femmes ne s'épuisent pas vite au jeu de l'amour tandis-que l'homme, lui, se vide et atteint vite ses limites dans le temps. L'homme n'a de force réelle que ce qui suffit à son orgueil, la force brute qu'il peut exhiber. Même la femme de mauvaise vie, celle qui se prostitue, peut exercer son commerce aussi longtemps qu'elle le désire tant qu'elle attire encore des clients sans jamais avoir à se plaindre de répercussions physiques. Femme avant tout, elle dispose de la vraie force que Dieu a dispensée à toutes les femmes. Lui savait qu'elles en auraient besoin pour porter leurs enfants et les hommes à bout de bras pendant toute la traversée.

Lorsque l'on a reçu une bonne éducation, l'on sait tout cela et l'on est à même de se prémunir avant de subir. Il y a beaucoup de choses sur la sexualité qui sont sues mais que l'on ne met pas sur la place publique. Ce sont des choses qui se transmettent de la mère à la fille depuis des éternités.

L'éducation est la base de la connaissance. La connaissance est la félicité.

Il est temps de retourner chez nous pour sauver ce qui reste. Il est temps de retourner au Coran et à la suuna du prophéte de Dieu. Il est temps de retourner auprés des grandes personnes et de les écouter.

Nos ancêtres faisaient la fête souvent car ces pratiques ont toujours existé. Ils aimaient s'amuser mais ils ne gaspillaient jamais sans compter et sans penser aux lendemains.

La circoncision était une occasion de faire la fête pour honorer les circoncis. C'était une étape importante dans la vie de chaque homme. En Afrique, la circoncision était le passage de l'enfance à l'âge d'homme. Puisque c'était une épreuve douloureuse et qu'aucun garçon n' échappait, la fête servait également à motiver et encourager les plus jeunes dont le tour allait venir. Chaque fête organisée comportait sa part éducative, ce qui évitait les abus. Sorti du lël, le jeune garçon prenait à coeur son nouveau statut d'homme responsable. Il savait que, désormais, il aurait des responsabilités plus importantes qu'avant. Des responsabilités nouvelles à la maison, dans la rue et dans sa société. Pendant la période du lël, les garçons vivaient ensemble. Ils partageaient leurs expériences, se racontaient leurs vies et devenaient des amis inséparables.

Avant qu'ils soient circoncis, les enfants étaient pris en charge par tous les adultes qui les encourageaient à être braves pendant et après l'opération pour qu'ainsi, les garçons qui suivraient puissent prendre exemple sur eux et gagner du courage. À cette époque, à Ndar, dans l'île, il n'y avait qu'un seul exécutant qui était l'imam dont je vous ai parlé. Lorsque les enfants quittaient le domicile de leurs parents pour y aller, ils étaient, bien évidemment, tous angoissés mais bien peu étaient ceux d'entre eux qui le montraient, les bien plus jeunes. Ils se montraient braves parce-que les oncles maternels leur avaient expliqué que c'est de leur comportement que dépendrait leur réputation d'homme : valeureux ou peureux. Au Sénégal, les oncles maternels avaient une responsabilité particulièrement importante envers leurs neveux et leurs nièces. Cependant, les hommes de caste avaient également leur part de responsabilité qui n'était pas négligeable. C'était eux qui composaient la majorité des selbe qui étaient les guides et les éducateurs en l'absence des parents. C'était un seul parent généreux qui prenait à sa charge les frais de tous les circoncis, vêtements, nourriture et entretien jusqu'à la sortie du lël où leurs parents les reprenaient. Les autres parents acceptaient de bon coeur. Ils savaient qu'il ne le faisait pas par ostentation mais par simple générosité. La vraie générosité apporte le *tuyaaba*, la récompense de Dieu. Tout cela faisait que des voisins nouaient des liens d'amitié indéfectibles qui aboutissaient à des mariages entre leurs familles et en faisaient de vrais parents. Voilà, à mon avis, une belle manière d'éduquer. C'était une pratique de nos ancêtres.

Autrefois, les personnes de caste étaient des membres à part entière de la société et leurs fonctions de caste étaient respectées. La personne était considérée d'abord comme un humain égal aux autres humains.

À Ndar, il était impossible de déterminer qui appartenait à une caste et qui était noble D'abord parce-que ce besoin morbide n'existait pas. Nobles et personnes de caste vivaient ensemble et se fréquentaient. Ces derniers aussi avaient des comportements exemplaires différentes des comportements actuels.

Lorsque nous allions chez eux, ils nous recevaient avec joie et il arrivait souvent que nous leur confiions nos enfants. Les gewël chantaient leurs *gor*, nobles, mais les gor n'étaient pas en reste pour les couvrir de louanges. Chaque famille connaissait parfaitement la lignée de l'autre. Un enfant noble avait, à la naissance, une griotte personnelle, à la demande de cette dernière. C'était elle qui était chargée de tresser les cheveux de l'enfant. Et s'il arrivait qu'elle ne puisse pas le faire ell-même, elle payait une autre griotte pour s'en charger. Les griots étaient dignes. Ils n'acceptaient pas n'importe-quel don. Ils n'acceptaient pas non plus de don de n'importe-qui. Il fallait que le don vienne de la famille à laquelle ils étaient affiliés. Ce que tout le monde semble ignorer aujourd'hui, c'est que griots et forgerons avaient leurs propres hiérarchies, leurs propres buur. Les *geer*, personnes non castées, leur témoignaient beaucoup d'égards.

De nos jours, le gaspillage ostentatoire est souvent attribué, bien à tort, aux gewël. Le gaspillage, cette honte nationale, est dû aux fats ignorants, de plus en plus nombreux, disposés à tout pour se faire voir et qui n'hésitent pas à détourner des sommes astronomiques qu'ils offrent ostentatoirement aux griots pour que ceux-ci les chantent. Ils ignorent que les gens bien nés n'ont pas besoin d'ostentation et que les griots savent parfaitement qui ils chantent par tradition et qui uniquement pour son argent. Les gaspillages dans les cérémonies familiales sont faits par ceux qui ne peuvent pas les assumer par leurs biens propres. Souvent, lorsqu'ils ne se servent pas dans les caisses placées en leur confiance, ils s'endettent tellement pour faire illusion qu'à la fin, ils finissent quand même par puiser dans ces caisses et se retrouvent en prison. Peut-être Dieu a-t-il voulu donner une leçon aux pédants et à ceux qui pourraient être tentés de les imiter. Car lorsque Dieu confie la fortune à la personne, ce n'est certainement pas pour qu'elle la dilapide de manière éhontée dans des fêtes où l'on distribue à tour de bras, non par générosité, mais pour se faire voir.

C'est, au contraire, pour qu'elle soit utilisée dans la voie d'Allah, pour s'entretenir et pour aider la communauté. Sans quoi les conséquences funestes incalculables ne se font pas attendre. Et elles ne sont rien comparées aux conséquences dans l'au-delà.

Donc, si l'on ne sait plus où l'on va, retournons d'où nous sommes partis.

Il faut aider les personnes qui sont à notre charge, directement ou indirectement. Car le mendiant dans la rue est à ta charge si tu passes devant sa main tendue. Ton voisin qui traverse une mauvaise passe est à ta charge. Lorsque tu bénéficies de plus qu'il ne te faut, ne t'y trompe pas, c'est simplement parce-que ce qui est dû à d'autres t'est confié. Mais surtout, l'aide que tu apportes doit être dispensée dans la discrétion. Et la discrétion, disons-nous, nous wolof, c'est quand la main gauche ne sait pas ce que fait la main droite lorsque l'on effectue une bonne action.

C'est la personne qui s'est éloignée du bon chemin. Dieu et la morale prescrivent les bonnes actions. Mais la personne s'éloigne désormais de ces recommandations et court à sa perte. Nous ne devons nous en prendre qu'à nous-mêmes si nous connaissons aujourd'hui tous les maux qui nous accablent. Un retour aux sources est plus que jamais indispensable.

Lorsqu'un individu est pris en flagrant délit de gaspillage ostentatoire, on lui impose désormais une amende à payer. Parfois, il est trainé devant les tribunaux pour justifier de ses revenus. C'est déjà un pas pour combattre le fléau. Mais la vraie solution est ailleurs. Il s'agit de prendre le mal à la racine. Il faut sensibiliser davantage la population sur les méfaits de ces pratiques. Lorsque tu prends sur le fait un enfant en train de commettre une bêtise, tu peux lui donner une petite correction car quoi qu'on en dise aujoiurd'hui, c'était partie intégrante de notre éducation et nous n'en voulons certainement pas à nos éducateurs. Seulement, il est préférable de lui expliquer comme à un adulte, qu'il comprenne bien l'inanité de ce qu'il a fait. Le sensibiliser pour qu'il ne soit plus tenté de mieux se cacher la prochaine fois qu'il déciderait de mal agir.

La calamité qu'est le sida était inconnu il y a quelques années. Aujourd'hui, tout le monde est désemparé. Dieu a, de tout le temps, fait descendre des douleurs sur des communautés qui l'avaient perdu de vue. Voilà pourquoi les jeunes doivent se réveiller et comprendre que l'avenir leur appartient pour peu qu'ils y mettent du leur. Dieu est un. Personnellement, j'exhorte les jeunes à réapprendre à s'approprier les grandes personnes, à les respecter et à les écouter car ce sera tout bénéfice pour eux. A cesser de se prendre pour des monuments de savoir et à faire preuve d'humilité. L'humilité ouvre les portes du paradis et lorsque quelqu'un se repent sincérement, Dieu l'entend et l'aide. Surtout je leur demande de s'entr'aider. Je demande à Dieu tout-puissant d'aider les jeunes. Ils disposent d'une armada pour acquérir la connaissance et l'ignorent. Ils ont les média, journaux, radios, télévisions, les bibliothéques gratuites, et maintenant Internet et ils n'enfont pas bon usage. À croire qu'ils sont ensorcelés ! Ils ont toutes les chances que nous n'avions pas et ils n'en profitent pas à bon escient. Mieux encore, ils ont leur meilleur atout, l'expérience de leurs aînés et ils la méprisent. N'ayez pas peur de demander, de poser des questions. Ne vous entêtez pas à vouloir paraître omniscients lorsque vous êtes dans la détresse, vos anciens ne vous gardent aucune rancune. Souvenez-vous que Satan est un compagnon de tous les jours qui n'attend qui se nourrit de vos faiblesses, il vous faut le combattre par tous les moyens et ces moyens sont à votre disposition. Lorsque des adultes s'adonnent au gaspillage immonde immodéré, c'est à vous de les combattre, vous savez pertinemment que nos pays n'en sont pas encore à produire des milliardaires honnêtes par paquets comme nous le voyons ensemble. Les grandes personnes qui ont peur de dire la vérité aux jeunes sont légion et, vu la manière dont les jeunes les traitent, on peut pas tout à fait les condamner mais, pour ma part, je prends mes responsabilités. Nous sommes vos mères et vos grand'mères, vos pères, vos oncles et vos tantes. Le plus saint homme et le plus puissant notable ont en commun d'avoir une mère qui les a cajolés mais aussi conseillés. À l'ignorant si tu apprends, tu en retires un double bénéfice : la récompense de Dieu et le bonheur d'avoir participé à une éducation.

Pour finir, à l'occasion de l'année de la Femme, je voudrais dispenser quelques conseils que mes ainées m'ont prodigués aux nouvelles mamans.

Pour donner le sein au nouveau-né qui repose dans son lit, il faut le prendre doucement par le dos, faire revenir ses bras sur son ventre jusqu'à ce qu'il soit tassé. Ensuite, il faut le tenir avec une main sous sa tête et, en lui donnant la tétée, faire attention à ce que le sein ne lui rentre pas trop dans la bouche parce-que cela l'épuise et pour éviter que, plus tard, il ait la lèvre inférieure tombante. Toujours commencer par le sein droit même si l'on est gauchère. La tête doit tenir dans le creux de la main de la mère pour que l'enfant ait une position idéale pour téter, mais aussi pour qu'il n'ait pas un crâne oblongue, étiré vers l'arrière. Après la tétée, il faut attendre qu'il rôte ou, mieux, le faire rôter en lui tapotant le haut du dos tout en lui chantant une berceuse. Ceci pour qu'il ne vomisse pas ou que le lait lui ressorte par les narines, ce qui pourrait avoir comme conséquence de l'étouffer.

Pour ne pas risquer ces mêmes problèmes, la mère doit absolument éviter de donner le sein lorsqu'elle est ensommeillée, ce qui arrive fréquemment à une nouvelle accouchée, avec les exigences du bébé.

Lorsque l'enfant naît, il faut attendre vingt-et-un jours avant de lui donner le lavage traditionnel. Le but de ce lavage est de purifier l'enfant. Pour cela, après lui avoir fait sa toilette habituelle, il faut faire passer de l'eau sept fois sur lui. On dit le laver avec sept eaux.

Ce que l'on voit de nos jours n'a rien à voir avec ce qui doit se faire. La mère nouvellement libérée n'avait pas le droit de quitter sa chambre, à plus forte raison d'aller chez le coiffeur ou autres turpitudes actuelles. Elle accouchait dans sa chambre conjugale avec l'aide d'une matronne et devait rester se remettre dans cette chambre pendant un minimum de quinze jours.

Lorsque l'enfant atteignait trois mois, on commençait à lui apprendre à s'asseoir dans sa bassine. Seulement à ce moment, la maman pouvait commencer à prendre du repos car les besoins de l'enfant devenaient moins contraignants. Il pouvait se nourrir d'autre chose qu'au sein, comme de la bouillie de mil et du lait caillé. Mais le sein maternel restait toujours son alimentation de base.

Le mari respectait son épouse. Il participait comme il pouvait en prenant l'enfant avec lui pour la soulager lorsque c'était possible. S'il arrivait que l'enfant fut avec son père jusqu'après la prière de taakkusan, celui-ci récitait des versets du Coran sur la tête du bébé avant de le rendre à sa mère. *Timis*,le crépuscule, étant l'heure du diable et des maléfices, la mère devait alors porter son bébé dans son dos même quand celui-ci dormait pendant toute la durée du crépuscule, jusqu'à la tombée complète de la nuit, car la première protection du bébé contre *seitaane*, satan, est le dos de sa mère.

Voilà.

Ce n'est pas grand chose mais j'ai puisé au fond de mon coeur cette tentative de réconcilier les jeunes Africains avec leurs aînés et les traditions qui leur appartiennent.

Si d'autres grand'mères, d'autres aînés qui en savent bien plus que moi, et ils sont nombreux, se sentaient encouragés à adopter ce système pour dialoguer avec nos cadets et leur transmettre leur expérience, j'en serai infiniment heureuse, où que je sois.

Que Dieu vous guide et vous protège tous.

Maam Nafsa Gaye

www.ingramcontent.com/pod-product-compliance
Lightning Source LLC
Chambersburg PA
CBHW070201290526
45789CB00002B/860